毒親と絶縁する

古

iira

a pilot of wisdom

はじめに

一九九八年の一二月は、私の人生にとって最悪の忌むべき月となった。以来、現在に至るまで二〇年以上の長きにわたって付き合うこととなる「パニック障害」を突然、発症したのだ。不幸は何の前触れも無く、予告状の一枚も無くやってくる。それはまるでベニヤ板の廊下を音も立てないで忍び寄ってくる悪魔やゴーストに等しい。私は当時、高校一年生の終わり。一六歳。高校二年生への進級を間近に控えていた。

私はこの国の最も北に位置する自治体・北海道札幌市の中心部で生まれ、大学生に至るまでの一八年間を、この道都・札幌で過ごした。

私の少年時代は、一言でいえば奇人で知られていた。小学生のころから「歴史群像」(戦史雑誌)や「丸」(軍艦雑誌)、「架空戦記モノ」を読み耽《ふけ》る。出てくる言葉は「憲法改正」。旧日本軍の装備や艦艇が大好きだった。周囲からオカシイ人間だと言われたし、そう思われていた。公立小学校からそのまま公立の地元中学に入ると、勉強はそこそこできた。しかしトップレベルではなかったので、高校進学時には中堅の公立進学校に進んだ。

当時、人口五五〇万人の北海道は典型的な官尊民卑の土地で、殖産の明治時代から官主導であらゆる開発が進んだ。何につけても地元で一番偉く、ふんぞり返っているのは官に属する公務員と特殊法人の役員である。それは子供の教育状況や保護者の教育概念にも色濃く反映され、北海道内のトップとされる進学校のほとんどが公立高校であり、全道人口の半分近くを占める札幌圏では特に札幌市にある道立の「東西南北」という四つの公立進学校へ進むことが、教育熱心な家庭の子弟に求められる至上命題であった。

この「東西南北」から北海道大学（略称・北大。北海道内でここを卒業すると神様扱いされる。中退でも準〝神〟扱い）へ進学するのが「受験競争のアガリ」として認識されており、事実「東西南北」から北大へ進学し卒業すると、その先に待っているのは北海道の政・官・財を牛耳る出先官庁や東証一部上場企業の札幌本店への就職、という特権待遇である（もちろん、これらの人々の一部はやがて東京に進出する場合がある）。

私は物事に対して研究熱心なほうであったが、それは自分の好きなごく限られた範囲

（戦史や歴史、軍艦など）であって、所謂《いわゆる》受験勉強ではなかった。だが、全く受験勉強に無関心というわけではなかったので、「東西南北」ではない第二戦線レベルの中堅公立高校へ進学したのだ。

のちに考えると、この中途半端な私の勉学意欲が、「教育」という価値観を金科玉条として子供に強制して憚《はばか》らない加虐精神を、私の両親に与えた一因だったのかもしれない。圧倒的な「優等生」であれば、あるいは圧倒的な「落第生」であれば、両親は私に対して強制力を持った「教育虐待」を行わなかったはずだ。「もしかしたらこの子は、受験社会の中でエリートになることができるかもしれない」という甘い期待を両親に抱かせたのは、私が中途半端に受験勉強ができて、その結果として中途半端な進学校に入ってしまったためである。私に非は無いが、今考えるとこれが運の尽きであった。

話を一九九八年の一二月に戻そう。私の在籍していた公立高校は、北の大都市・札幌を擁する広大な石狩平野の端にあった。そもそも、この土地の先住民であるアイヌ民族は、札幌をサッポロ・ペッ（乾いた大きな川）と名付けていた。それを後からやってきた日本人が音だけ聞いて強制的に漢字に置き換えたのが「札幌」だ。私が何を言いたいのかというと、この高校は「乾いた大きな川」、札幌市内の辺境にあったということだ。

　辺境といっても、それは自虐の一種であるに違いないと思うだろうが、本当に何もない辺境で、高校の敷地の横には広大な牧場と無秩序な産廃処理施設（複数の焼却炉）があった。なぜこんなところに中途半端な公立進学校が存在するのかは、本書が私の母校のヒストリーを語るモノではないので全部省くが、兎《と》に角《かく》この年の一二月、私はパニック障害を発症した。しかも重度だ。

　忘れもしない。あの時、私は全校集会で体育館の真ん中に立っていた。不意に襲う平衡感覚の欠如、急激な窒息感、全身感覚の麻痺《まひ》と手足のしびれ、極端で突発的な動悸《どうき》。今思えばすべて、パニック障害の典型的な急性発作であるが、その時は何が起こったのか分からなかった。立っていられない。地面が斜めになる。息ができない。体育館の天井が今にも落ちてくる――そんな死を伴った恐怖感が全身を襲った。

　幸か不幸か、初めての発作は全校集会の終わりかけの時で、大西洋の凶暴なストームの中を沈没しないで持ちこたえている老齢木造船のように、地獄を乗り切った。いや、その地獄は実際には四、五分程度のモノだったかもしれないが、私には無限とも思える時間に感じられた。これが、私のパニック障害をめぐる、すべての始まりである。

それ以来、二〇二〇年の現在に至るまで、私のこの病気は完治していない。私は現在、パニック障害と鬱病により「精神障害者保健福祉手帳（三級）」を保持している、精神障害者である。正直に話すと、医師の適切な治療により、ここ数年パニック障害はほぼコントロール下にあって落ち着いている。だが、初めての発作時の様子は、私の脳裏に今も鮮明な記憶と恐怖心を伴って、いつでも高精細の動画として再生することができる。

成人して社会人となり、自分名義の国民健康保険に加入すると、私は自由に、自己の意思で望む医師のいる精神科を受診することができるようになった。後述するが、紆余《うよ》曲折ののち、現在の主治医に落ち着いた私が抱いたのは、大きな疑問であった。

それは、なぜ私が、パニック障害という精神の病に罹患《りかん》しなければならなかったのか、一六歳以降という青春時代の最も多感な時期を、過酷で重篤な発作の繰り返しで、漆黒に塗りつぶされたものにしなければならなかったのか、という疑問である。

結論をいえば、約三〇％は気質的なもの。残り約七〇％は環境因子であると医師は診断した。気質的とは、ヒトが生まれながらに持っている性質であり、遺伝的要素も少しだが含まれている。環境因子とは読んで字の如《ごと》く、自分に依《よ》らない、外部からの要素である。

現在、少なからぬ芸能人やアイドルなどが、パニック障害をカミングアウトし、治療のために一時活動を休止したりすることがニュースになっている。少なくとも私の知る範囲で、一九九〇年代後半にパニック障害という言葉は一般的ではなく、単に「不安神経症」とか「不安症」などと呼ばれていた（古くは、「驚愕《きょうがく》症」とも）。

現在のように、パニック障害という名称が一般的になったのはここ一〇年くらいの感がある。彼らや彼女らも、十人十色の発症理由があるのは当たり前だが、芸能人やアイドルはテレビや舞台での生放送や生公演などで「失敗してはいけない」という社会通念上、一般の人間よりもはるかに巨大なストレスに苛《さいな》まれている。その過剰なストレスがパニック障害の発症原因になったと推定するのは難しいことではない。

ひるがえって、私はどうだったのか？　当時、私はただの男子高校生で芸能人でもアイドルでもなかった。私に降りかかっていた巨大なストレスとは何であったのか？　それは、私の両親からの、「教育」という美辞麗句を借りた過剰な「虐待」に他ならない。

私の両親は、異常なまでに教育熱心で、自らの理想とする「受験競争の勝者」のレールを、私の意思に関係なく、とりわけ顕著に中学校時代から猛烈に押しつけてきた。両親の理想とする「受験競争の勝者」とは、前述した通り北海道・札幌という狭い地理的範囲における受験競争の勝者のことだ。つまり「東西南北」への進学から北大入学→卒業というコースの達成である。

これを読んでいる読者の皆さんは信じられないかもしれないが、私の両親は、私を「東西南北」中の北海道立札幌西高等学校（〝東西南北〟の中では、二番手か三番手に位置する）に進学させるという既定方針を、私が幼少の時から綿密に計画しており、勝手に札幌西高のオープンキャンパスに参加して「将来息子をこの高校に入れるのだ」という手前勝手で強烈な妄想を抱いていた。

また、それがゆえに札幌西高の学区内（当時、札幌には厳格な学区制度があった）のマンションを長期ローンで購入するということを本当に迷わず実行した（だから、このマンションが現在の私の実家ということになる)。これは不動産会社の営業マンに騙《だま》されたわけでもない、嘘《うそ》でもジョークでもない父親の絶対的で垂直的な意思決定によってなされた本当の話である。

つまり私の人生は、まだ私が何者でもない幼稚園児の時代に、すでに両親から札幌西高進学→北大入学→卒業という風に、「居住地からして」完全に設計されていたのである。

当然、私がその事実を知る(理解する)のは少年時代が終わるころである。

詳細は後述するが、私の家は、父は地方公務員(研究職)、母は専業主婦の平凡な中産階級であった。私には七歳年の離れた妹がいるが、妹が誕生する前に、長男である私に「受験競争の勝者」としての姿を徹底的に強制した。

中学のころ、毎日のように父親は、私の勉学不足を叱咤《しった》し、「西高に行かない者は人間ではない」と激高して真夜中に説教した。ほとんど毎晩である。母親はというと全く父以上にその教育世界観に同意見で、「中産階級の我が家には(実際には、財産の無い貧乏公務員と言った)、子供に残してやれるものは教育しかない」というのが口癖だった。

ただ、その「教育」というのは、受験競争の勝者が手に入れる「学歴」という世俗的な意味でしかなく、真に広範な教養を意味するものでは全くないことを補足しておこう。

当時、北海道の高校受験システムには内申ランクというものがあった。読んで字の如く中学校での内申書のレベルを指すが、驚くことに（現在では廃止されているらしい。これはフェアなことである）、この内申ランクによって最初から受験できる高校が決定されるというシステムである。

私の両親が、数千万円という、人生で最も高い買い物を、長男の札幌西高進学→北大入学という目論見《もくろみ》だけの理由で購入した算段は、私が中学三年に進むや否や、もろくも瓦解した。

なぜなら、すでに述べたように私は物事に研究熱心なほうではあるが、それは自分の好きな範囲だけの話であり、受験勉強には「それほど」熱心ではなかったからだ。だから高校受験時、私の内申レベルはDランクで、絵に描いたような中堅クラス（最上位のAから数えて四番目である。下から数えると六番目くらいである）だった。

しかし、両親が私の幼稚園時代から密《ひそ》かに計画し続けていた札幌西高進学に必要な受験資格は、最低でもCランク（上から三番目）である。だから私には、いくら受験日当日にテストの成績が良くても、札幌西高を受験すること自体が不可能という物理的障壁が出《しゅっ》来《たい》したのだ。

両親は、この事実に猛烈に怒り狂った。父親は「ゴミ」「クズ」「低能」と私を面罵して、「これまで我々がお前にかけた費用（塾代、生活費、飲食代、小遣いなどもろもろ）を返せ！」と怒鳴り散らす。これを読んでいる皆さんには想像できないだろうが、本当に私の父親は、未成年者で扶養家族である私に、「お前に投資したカネを返せ！」と唾を飛ばして迫った。

母親はあろうことか、私をベッドに押さえつけて私の左耳を強く殴打し、「教育的指導」を実行した。実はこの時の殴打が原因で、左の鼓膜が破裂し（病院に行かせてもらえなかったので、この傷害の事実が判明するのは厳密にいえば数年後である）、以後十数年間（大学卒業後に至るまで）、左の耳の奥に何となく違和感が残るという後遺症を負うことになる。現在であれば全国報道されるほどの立派な虐待行為、そう、「教育」を笠に着た「教育虐待」というべきものだが、自身の被害状況を、私は第三者に伝えるすべを持たず、また第三者を介して解決するという発想も、およそ持ちえなかったのである。

このような、両親による教育虐待は、私が前述した中堅高校に進学すると、とりあえず一時的にだが一旦収まった。なぜなら、当たり前のことだが、「東西南北」という札幌市内でのエリート高校に進学しなくとも、北大進学の目は残されているという事実を両親が知ったからである。

実際、私の高校は当時一学年約四〇〇人。そこから北大に進学（現役・浪人を含め）するのは毎年一五～二五人というところであった。これが北海道内の中堅進学校の実力である。つまり、二流進学校でも、その上位五％程度は、北大に進学する可能性が残されていたのである。これを知った両親は、私の二流進学校への進学自体はシステム上致し方ないとしても、その上位五％に入ることを熱望した。

ところが、ある母集団の上位五％に入ることがどれほど難しいことであるか、ということを両親は想像しえなかったようだ。つまり逆にいえば、私の高校の卒業生の九五％は北大に進学しないのである。

普通に考えれば、根が堕落的、享楽的にできている私が、この母集団の上位五％に入ることので・き・な・い人間であることなど、直感的に分かろうというものだが、両親は私の高校時代の最後の最後まで、この上位五％に入ることにこだわった。高校一年生半ば以降（初手の高校一年生の前期、私の成績は最悪で、留年一歩手前だった)、いよいよ客観的に私の北大進学が不可能だと判明するや否や、父親はまたぞろ例の「ゴミ」「クズ」「低能」と私を面罵して、さらに「これまで我々がお前にかけた費用を返せ！」と暴言を吐き、最終的には私の顔面を全力で殴打するという暴挙に出た。

ただし、普段外面《そとづら》はおとなしい、羊のような地方公務員であった父は、人を殴り慣れていなかったらしく、あろうことかその拳は私の顔面ではなく、明後日《あさって》の方向、つまり私の個室の扉の蝶番《ちょうつがい》を殴り、それが元で後日発生した良性ガングリオン（結節腫）を全部私のせいにして、「お前が馬鹿なせいだ」「病院の治療費を払え」などと理不尽な罵声を浴びせた。

一方、母親は私が高校に入ると鼓膜破裂に至るような直接的暴力に出ることこそしなくなったものの、私の成績不振を毎日糾弾し、その当時、発症・罹患していた難病（潰瘍性大腸炎）の病状悪化はすべて私のせいであると、宗教的呪いの言葉を浴びせ続けた。

それればかりではない。母親の究極的な虐待は、弁当制であった高校の持参弁当にわざとゴミを入れたり、自宅でシャワーを浴びている時に、わざとガス供給の元栓を寸断して北海道の真冬の浴室で冷水を浴びさせたり、果ては「教育的指導」と称して、私の部屋のドア（誤解が無いように断っておくが、部屋の出入り口のドアである。覗《のぞ》き窓とかではない）を、蝶番ごと取り外して薄い布を一枚垂らし、リビングにいる両親から私の一挙手一投足を全部監視できる「代用監獄」を作り上げるまでに至った。

はっきりいって、ここまでくると常軌を逸している。父と母は、私の高校時代に「教育」を盾にとって本当にこれらのことを全部、私に対して躊躇《ちゅうちょ》なく、「正義である」と信じて実行した。これが教育虐待ではなくて何だというのか。

こうしてみると、私のパニック障害の発症は、明らかに両親の教育虐待に起因する青春期の過大なストレスが原因であると断定して間違いは無いのではないだろうか。前述したように、私の主治医は、その原因の約三〇％は気質的、約七〇％は環境因子という。

その言葉をそのまま評価するなら、私の障害の大半の責任は両親にある。が、精神障害の当事者として、一六歳という多感な青春時代になぜ突然、パニック障害を発症したのかという問いは、今にしてみればその気質的要因がいかなる比率を占めていようとも、ほぼ一〇〇％、私の両親の身勝手で自己中心的な教育虐待のせいであると断定できる。そしてそれは、パニック障害発症後、二十余年を経た現在だからこそいえる「一患者」としての客観的観察であり、客観的洞察であり、そして総合的判断である。

この書は、私が実の両親への恨み節を赤裸々に書くものではない。「教育虐待」という、子供に対して「教育」（実際には受験競争での勝利という、ただそれだけの意味）という美辞麗句を用いれば、どんな加虐も正当化されるという、保護者の一部に存在する普遍的な闇を世間に知らしめるべく筆を執りたいと思った。

私は、現在結婚して、四歳（二〇二〇年現在）の息子がいる。この息子に対し、私は現居住地である千葉県において、前述した札幌市の「東西南北」と同クラスの進学校に入れるべく、学区を調査して長期ローンを組んでマンションを購入するという、歪《ゆが》んだ価値観や目論見を全く持っていない。そもそも、自分が住む県や地域においてどの高校（あるいは中学）が進学校かという情報自体に、何の興味も無い。

息子の人生は息子自身で決め、その結果も責任も息子自身が全部背負うものだと思っている。だから私はまだ幼い息子に対し、理想的に設計されたゴール地点への到達など微塵《みじん》も期待していないし、ただの一瞬も、その虚像の栄光の姿を思い描いたことすら無い。中卒でも高卒でも通学拒否でもFランク大卒でも専門・高専卒でもそこそこ有名大学卒でも、あるいはそれらいずれかの中退でも、そんなことは息子の人生に対する親としての接点として、全くどうでもよいことだ。息子の人生は息子が主体として決定するべきことであり、親が一切関与するべきことではない。

しかしこの国には、そんな当たり前の、子供が持つ普遍的な権利――「子供の権利条約」で定められたもの、とあえていうべきか――を一切根底から無視し、自らの理想や欲望、コンプレックスの穴埋めの道具としてしか子供を扱えない、ナチ的と形容してもよいほど、常識的世界観が欠損した親が存在する。

そしてそれらの親は、自らの行為が単なる自分の欲望やコンプレックスの裏返しであるのに、それをひた隠し、「教育」だの「我が子の将来のため」だのという、おおよそ誰も反対しえないお題目を振りかざして、精神的・肉体的な虐待を長期にわたって加え続けている。その結果、子供が重い精神的疾患となり、その疾患を一生背負っていかなければならない結果が生まれる可能性など、全く考えてもいないし想像もしていない。

私は、幸いに現在、モノを書くということを生業としている。よって筆の力で、私自身が教育虐待の被害者であるという立場から、教育虐待の被害者である子供の普遍的人権を守るために微力ながら立ち上がりたい。子供は、生まれ出る家庭を選ぶことはできない。が、精神的にも肉体的にも保護者から虐待を受けない権利を、これまた生まれ出ると同時に持っているのだ。これは絶対に守られなければならない。

不幸にして私は、かなりの部分において、両親による教育虐待でパニック障害を発症して精神障害者となったが、このような人間を二度と出してはならないと決意する。

よく障害は個性だというが、私はできるなら、パニック障害など経験しない人生を送りたかった。人並みの人生を送りたかった。ただそこに存在するだけで、窒息感や麻痺や平衡感覚の暴走や死の恐怖を延々と味わい続けることの、どこが個性だというのか？

そんなものは単に拷問である。そして私は、このような拷問の根本原因を私に（厳密な過失割合の認定はさておき）恒常的に与えた両親を赦《ゆる》すつもりは、現在も毛頭無い。全く無い。

両親の教育虐待のせいで精神障害になったのなら、それは個性などではなく純然たる被害者である。私はこのような不幸な被害者を、これ以上出したくない。私はモノを書くということで世間に意見を表明できるし、それが鬱憤の解消になっているが、社会通念上の常識として、モノを書くことを仕事にできるのはマジョリティーではないからだ。

教育虐待によって理不尽に精神を病み、不幸のどん底に叩《たた》き落とされ、その後遺症で二〇代になっても、三〇代になっても（あるいはそれ以上）、その苦しみを言葉で表現して公論に問えない者のほうが多いだろう。まさに教育虐待による沈黙の被害者が、この国には多く存在すると私は思う。そういった無辜《むこ》の被害者の言葉を、心の叫びを、微力ながら私は、筆の力で代弁したいと思った。

そして「私だけは（そういった教育虐待をする連中とは）違う」とタカを括《くく》って自分の子供に接している保護者たる父・母は、本当にそれが事実なのか、第三者から客観的に見て本当にそう評価されうる絶対的自信があるのか、もう一度真摯に点検して自分の世界観と子供への接し方を精密に内省してほしい。

また、自らの狭い価値観の中ではまだ分からないだろうが、自身が両親などから受けているストレスが「教育虐待」であるかもしれないと疑問を持つことで、そこに一縷《いちる》の解決の可能性を願う列島全土の、知的探求心のある子供たちに対して、本書を送りたいとも思う。

君たちの未来は決して明るくないかもしれないが、幻滅して絶望するほどではない。その証拠に、私は現在でも生存しているし、そしてこうして諸君らの意見を代弁して加害者に反撃している。負けるつもりも、座して死を待つつもりもない。教育虐待当事者への反撃の狼煙《のろし》の第一段階として、もしこの本をテキストの一つに挙げてくれるのであれば、著者としてこれ以上の喜びはない。

目　次

図版作成／ＭＯＴＨＥＲ

第一章　父親と私——社会の下士官

戦後復興を支えた炭鉱の街

私を被害者とする教育虐待の実相を記すにあたって、避けて通れないのは私の父親のこと、そしてそこから発生する私と父親の関係性である。「はじめに」で述べた通り、私の父親は、こと私の教育（実際には受験競争の勝者になれ、ということ）になると、損得勘定を無視し、異様なほど偏執的になるが、外見上はいたって普通の地方公務員であった。

一九三〇年代にこの国で発生した「日本型ファシズム」を支えた中産階級を、政治学者の丸山眞男《まさお》は「中間階級の第一類型」と規定して分類している。中間階級第一類型とは、小工場主、町工場の親方、土建請負業者、小売商店の店主、小地主、学校教員、村役場などの下級官吏を指す。まさに「社会の下士官」に位置する人々である（中間階級第二類型というのは所謂知識人階級で、こちらは日本型ファシズムには批判的か傍観的であった）。こういった人々が、軍部とそれに追従するメディアの大陸侵略を無批判に支持し、日本の軍国主義＝日本型ファシズムを支えた中産階級であると丸山は喝破した。

父も、絵に描いたような社会の下士官であり、生まれる時代が違えば大政翼賛会を無批判に支持して翼賛会の公認候補に投票していたであろう下級官吏であった。しかしこの、生真面目な、気の小さい、地方公務員の男がなぜ息子（つまり私）に偏執的ともいえる学歴信仰を強制し、加虐に至ったのかは、単に父が社会の下士官である、ということだけでは到底説明できない。

その理由は、父が、強烈な学歴という虚像への信仰心と、裏を返せば子供に対し加虐に至らしめるほどのコンプレックスを有しているからに他ならない。よってここでは私の実父の、来歴を記すこととする。

父は、戦後二年目、つまり一九四七（昭和二二）年に北海道夕張市の大工の次男として生まれた。世代的には、堺屋太一のいう「団塊の世代」のど真ん中である。兄、ふたりの弟、末弟がいる五人兄弟であったが、うちひとりは周産期に破傷風にかかって早世しており、事実上四人兄弟の家庭で育った。

父の父、つまり私の父方の祖父にはちょっとしたヒストリーがあった。日本帝国が国策として満蒙開拓を謳《うた》ったころ、満州鉄道の警備兵として満州（現・中国東北部）で暮らしていた。所謂広義の「軍属」であった。父の母、私の父方の祖母は、祖父とどのような邂《かい》逅《こう》があったのかは知らないが、幼少期に関東大震災（一九二三〈大正一二〉年）を横浜で経験しており、実家は破産状態で離散し、出自も半ば不明。奉公人として大商家で使役され、関東圏で艱難《かんなん》辛苦の思春期を送ったという。

ともあれ、日本帝国の敗戦とともに満州鉄道の権益も失われたことから、私の祖父母は満州から北海道に引き揚げ、戦後、夕張で一からスタートすることになる。なぜ夕張で戦後をスタートすることになったのかの経緯は不明である。というのも、祖父は、一九八二（昭和五七）年春に食道がんで死去（七〇歳）しており、私が生まれたのは一九八二年の一一月なので、ついぞ対面して話を聞く機会が無かったためだ。

満鉄警備兵として家族と満州で暮らし、そこからソ連軍の追撃をかわして（恐らく）朝鮮経由で内地に着の身着のままで逃げ帰ったエピソードはそれだけで一冊の書籍になるぐらいのヒストリーが詰まっていると思うが、あいにく私は祖父と対面することがなかったので、この辺の事情は不明である。

関東大震災を幼少時に経験した祖母も二〇一二年に九六歳で没している。祖母は晩年認知症を患っていたので、こちらも満州時代の記憶を聞き出して本格的に記録することはできなかった。私にとっては何とも無念で後悔の残るところである。

ともあれ、私の父が戦後二年目に、北海道夕張市で誕生したのは事実である。夕張市といえば、その人口は現在八〇〇〇人を割り込み、二〇〇七年には自治体として財政破綻（財政再建団体に転落）したことで一躍全国区になったが、父の青春時代、すなわち一九六〇年代、夕張は炭鉱の街として、北海道内でも有数の地方都市であった。

戦後日本は、敗戦ダメージの超克として「傾斜生産方式」を採用した。これは持てる国力のほとんどすべてを優先的に石炭生産につぎ込み、それを戦災で失われた鉄鋼業や造船業などの重工業の復活に充てる。そしてその重工業から産出された生産力をさらに石炭生産につぎ込む（以下、同じことの繰り返し）、という戦後経済復興政策の要諦である。

日本は、朝鮮半島（特に半島北部）、満州などの有力な石炭生産地を敗戦により失ったが、九州、そして北海道（夕張を含む空知《そらち》等）など、内地にある有力な石炭生産地を温存したまま終戦を迎えた。よって戦後日本経済の復興の第一歩は、この内地に残された石炭生産地の本格的再開発からスタートしたのである。夕張はその前衛であった。

今でこそ、深い山あいに炭鉱住宅の廃墟《はいきょ》が朽ち果てている夕張だが、戦後日本経済を支えた石炭産業が最盛期を迎えた一九六〇年代、夕張市の人口は一〇万人を超え、繁華街には炭鉱労働者たちの活気がみなぎっていた。当然、増え続ける人口を目当てとした建設、家財需要も旺盛で、満州から復員したばかりの祖父はこの夕張の地で大工としてそこそこ成功した人生を送ったらしい。

学歴コンプレックス

私の父は夕張で少年時代を送り、一九六二（昭和三七）年、地元にある進学校・北海道立夕張北高等学校に進学する。「所得倍増（元々は月給倍増のスローガンであった）」を高らかに唱え、吉田ドクトリン（軽武装・経済重視）を身をもって継承した池田勇人《はやと》内閣の高度成長時代である。この夕張北高校は、夕張市自体の加速度的人口減少によってとっくの昔に廃校になっている。ただし、父が進学した当時、この高校は夕張市内随一の進学校として名を馳《は》せていたらしい。

ここで、共通認識として地理的な事情を確認しておこう。夕張市は魚のエイのような形

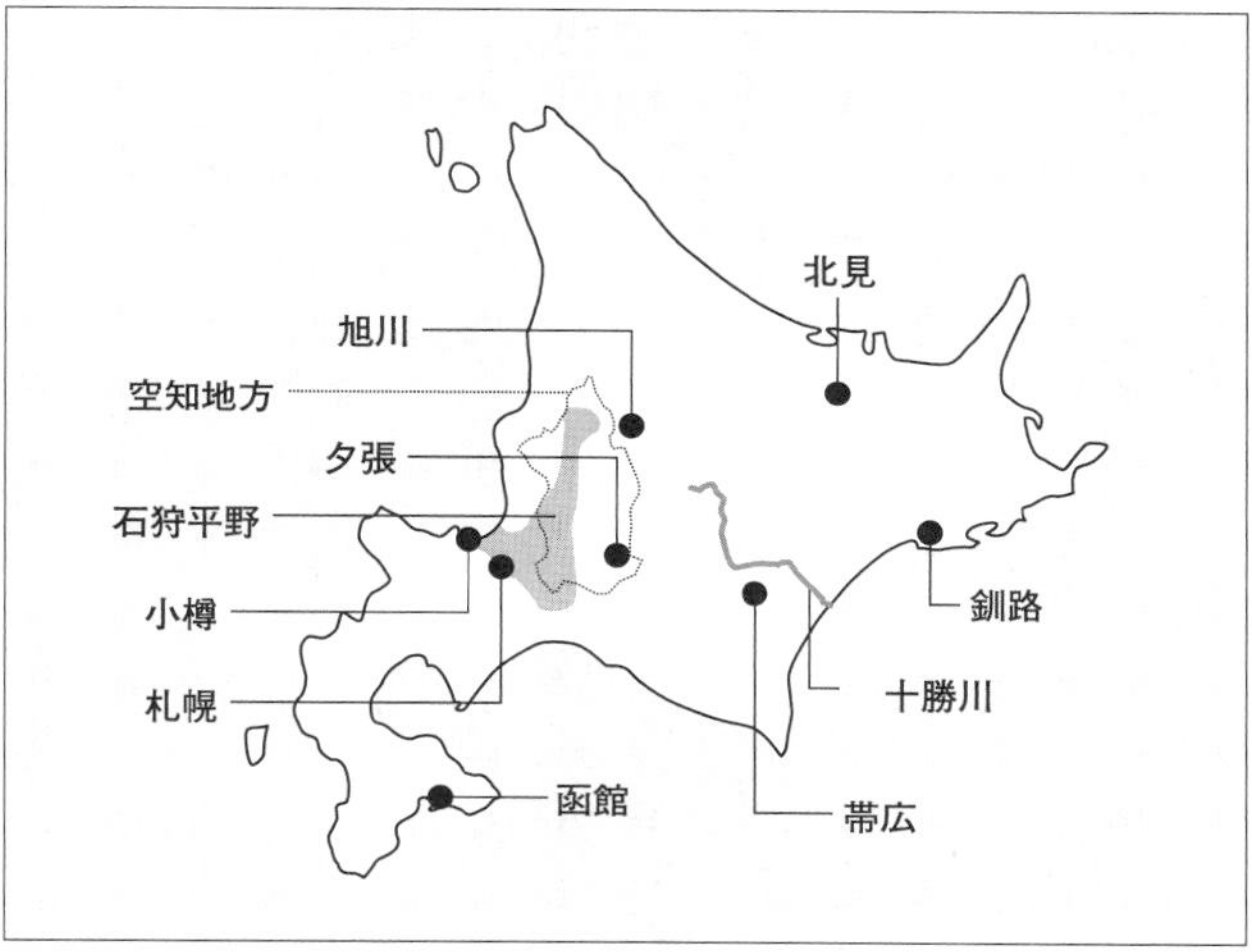

をした北海道のほぼ中央西部にあって、行政区分としては空知支庁（現・空知総合振興局）に属し、札幌まで直線距離で約五〇kmの位置にある。しかしすでに述べたように夕張市は炭鉱の街として開発されたことから、その市街地は深い山間の急峻《きゅうしゅん》な渓谷に沿って形成され、夕張—札幌間には山脈地帯が広がって地理的に遮蔽されており、直線移動はできない。よって夕張は当時、札幌からは実質的に鉄道で片道二時間程度、自動車でも三時間以上の時間を要する僻地《へきち》である。つまりこの閉鎖的な地方都市・夕張において、一番優秀な「進学組」は地元を離れて札幌に向かうということで、それ

が当時の夕張市内における受験競争の一種のアガリ（完成形）であったらしい。

父が夕張北高校卒業を控えた一九六五（昭和四〇）年、日本は「昭和元禄《げんろく》」の呼び声高く、そのわずか三年後の一九六八（昭和四三）年には、GNP（国民総生産）で西ドイツを抜いて西側世界第二位の経済大国に躍進する。しかしひとり当たりの国民所得はまだまだ欧米並みとはいえず、高等教育水準も低いままであった。

試しに、一九六五年の日本における大学進学率を見てみる。驚くべきことにその数字は男女計一二・八％。つまり一〇〇〇人の高卒者がいるとすると、一二八人しか大学に進学しないという計算になる。逆をいえば残りの八七二人は大学に進学しない状況だったのである。これが現在では大学進学率は五〇％を超えている（それでも、この数値はOECD〈経済協力開発機構〉加盟国内では低い値である）が、高度成長のただなかにあって、当時、大学進学組というのがいかにマイノリティーだったか、分かろうという数字である。

聞く話によれば、子供を大学に進学させるという熱意は、満州帰りの私の祖父よりも、関東大震災を経験して横浜近辺での奉公で辛酸を嘗《な》めた祖母のほうが相当強かったらしい。

事実、その教育熱は男のみ四人兄弟のうち三人までもが、四年制国立大学に進学するという燦然《さんぜん》たる結果を残している。

長兄（私の伯父）は北海道大学、末弟（私の叔父）は国立四大（教育大学）、そして私の父（次男）は国立大学である帯広畜産大学に進んだ。帯広畜産大学（略称・帯畜《おびちく》）は、北海道東部の中核都市、帯広市（人口一六万）にある畜産単科大学であり、畜産科としては現在でも全国唯一の国立大学であることからも、概《おおむ》ね準難関国立大学である。そして同校に入学し、卒業した父は、獣医師免許を取得して、さらなる学究の徒となるべく、札幌医科大学大学院に編入して修士・博士課程を修了する。

私は自分自身の常識がそれほど異常だとは思わない。よって社会通念上の常識に従えば、帯広畜産大学を卒業、札幌医科大学大学院を出ているとなれば、もうこれは疑いようもなく高学歴の部類であると感じる。後述するが、京都市内にある「誰でも入れる（かの如き錯覚を与える）」私のマンモス私大卒という学歴と比べれば、よほど父のほうが受験競争の勝者である。しかも大学進学率がわずか一割強という時代において、である。

しかし、父は、自らの学歴、つまり帯広畜産大学卒というのを強烈に恥じていて、大学院で札幌医科大学に進んで同大学院博士課程を修了したことは私の幼少時代から盛んに喧《けん》伝《でん》していたが、ついに自らの「学部歴」を明かしたのは、私が中学三年生の時が初めてであった。

何か痛烈な恥ずべき過去を告白するようにして、「俺は（父は外部に対する一人称は〝僕〟だが、家庭内では〝俺〟と言った）帯広畜産大学を出たんだ」と言った。だから何なんだ？ と私は思ったが、それほど父は、帯広畜産大学卒という自身の学歴に、根拠なきコンプレックスを持っていたのである。

なぜ父は自らの学歴にコンプレックスを感じるようになったのか。第一に考えられるのは、私の祖母（父の母）があまりにも教育熱心すぎて、帯広畜産大学を「落伍者《らくごしゃ》の行くところ」と認定していたという事実だ。

そして前述した通り、夕張を含めた北海道全体における受験競争のアガリが、北海道大学進学であったのは事実（現在でもそうである）なので、父の兄（長兄、私の伯父）が夕張北高校から北大の理系学部にストレートで合格したことも大きな負い目となったように思われる。つまり兄弟間での厳然たる格差なのだが、はっきりいえば私にとって、それがどうした？ というべき微細な差異でしかない。だが、父本人には長兄が北大に行き、自身が偏差値的に2ランクぐらい下の帯広畜産大学に進学したというのは、耐えがたい屈辱だったようだ。

父は、帯広畜産大学を卒業してから、札幌医科大学大学院修士・博士課程を経て、研究職として地方公務員になった。その過程で、帯広畜産大学事務局で事務員をしていた私の母親と邂逅し、結婚に至っている。しかし、父にとって帯広畜産大学卒業ということ自体が人生における黒歴史のようで、父も母も、この帯広畜産大学時代の話を私に対して一切話そうとしなかった。まるで奇妙な自意識である。

獣医師の免許を得て卒業した父には、獣医として開業する道もあったが（そのほうが結果として収入は多かっただろう）、現在のようなペットブームが起こるはるか以前の時代だったし、また自身の希望もあってか、細菌とかウイルスの研究をする研究機関（札幌市）の職員になる道を選んだ。私は幼少時代、父に連れられて顕微鏡とシャーレがずらりと並ぶ職場を何度か訪れたことがある。

北海道に特有の、エキノコックス症を研究していたらしい。エキノコックス症とは、主に北海道内に野生で存在するキツネやイヌなどに寄生するエキノコックス条虫によって人間に伝染する感染症で、感染が進むとエキノコックス条虫が肝臓等を食い破って宿主を死に至らしめるという恐ろしい病気である。

父はこれを生涯にわたって研究していたらしいが、正直、人文科学系統にしか興味の無い完全な文系人間の私は、当時も、現在でも、父が何の研究をしていたのか教科書的な知識しか無いし、また興味も無い。

兎に角父は、以後定年まで勤めたこの研究所の中で、根底に持っていた学歴コンプレックスの鬱憤を募らせていた。私の少年時代から高校時代にかけて、父が家庭に持ち込んだ悪口の過半は、「いかに自分が職場で差別されているか」ということであった。つまり、「自分は北大出身ではないから、職場の同僚から蔑視・差別されている」という趣旨の話を、シラフでも、また酒に酔って帰ってきた時でも、耳にタコができるぐらい私に言って聞かせた。そして絶対に決まって最後は、「俺のようにならないためにも、お前は北大に行け」という、何万回、何十万回と聞かされた定型文であった。

要するに私の父は、北大出身者が多い自分の職場の中で、どこの世界にもある「学閥」という、馬鹿らしい他者比較の争いに巻き込まれて苦悩していたらしい。私は当時も、また現在でも父親のいた職場にどのような「学閥」があり、またその「学閥」がどのように現実として父親の精神を蝕んでいたのかに興味が無いし、また客観的に評価できるものではないだろう。しかし、酒に酔って家に帰ってきて「俺のようにならないためにも、お前は北大に行け」だのと、右も左も分からない子供に、異様なほど繰り返し忠言する暇と情熱があるのなら、自らその蔑視・差別が存在するという職場環境を改善してはどうだろうかと思う。

そもそも公務員は、憲法でその身分を事実上規定された存在であり、その給与体系などは原則、内閣所轄の人事院が決める。いかなる学歴・信条であっても差別されてはならないし、また差別はあってはならない。よって、もし本当に父のいう職場における「学閥」による蔑視・差別が同僚の間に横行していたのなら、それは憲法違反であると堂々と論陣を張って抗議し、職場環境の改善に鋭意努力することが本来の姿なのではないか。

もし私が父の立場であったら、そのような「学閥」を根拠とした、たとえ見えずとも蔑視や差別のようなものがあるのなら、私は自治労（事実上の公務員労組）に入ってその不当性を断固糾弾し徹底的に闘うだろう。公務員の間に学歴で差別が存在するとすれば、それは厳然たる憲法違反だからである。最高裁まで争っても、被差別側が勝訴するであろう。

しかし私の父は、そのような合理的闘争性や民主的自意識を一切持たない、家庭内で愚痴を吐くだけが関の山の、戦後的小市民であった。根が内弁慶的にできている父は、せいぜい家庭内でその鬱憤を子供に滔々《とうとう》と、時に自虐的に吐き出すのが精いっぱいの、精神的器量の極端に小さい人間にすぎなかった。まさしく丸山眞男のいう、社会の下士官・中間階級第一類型の精神構造にすっぽり納まり切っていたのが私の父であった。

だが父は、根が内弁慶的にできているその気質を、私が成長するにつれて、徐々にだが強烈に、教育虐待という形で私に押しつけるようになった。

日本大学出身者への秘めたる差別心

父は、極めて差別的な人間であった。自分が自身の職場で、「学閥」を理由に蔑視・差別されているという現状を憂うと同時に、自分より格下の人間を徹底的に見下し、「自分はそれよりも上」と家庭内でふんぞり返って吹聴しまくった。

具体的には職場の同僚で、日本大学出身（学部不明、恐らく理系。日大には農獣医学部があったのでその系統だろうか）のAという人物を、人格の根底から徹頭徹尾否定し、「Aは日大卒だから」と家庭内で「のみ」言いつのった。

当然私は、父のその同僚たるA氏の顔さえ見た記憶が無いのだが、何のことはない「弱い者達が夕暮れさらに弱い者をたたく」で、「学閥」により蔑視・差別されていると感じている父が、唯一優位に立てるサンドバッグとして、精神的に袋叩きにする対象としたのがA氏だったのである。今考えれば、A氏が本当に気の毒である。A氏を下に見ることによって、父は日大卒業者に対して猛烈な優越感を抱くに至ったようである。

はっきりいって日本大学は、全国に付属高校を持つ有名大学で、偏差値的には中堅だが誰もが知る日本一のマンモス大学であり、政・財・官に与える影響は小さいとはいえない。むしろ社長輩出数などを見る限り、その社会的影響は大といえるだろう。その日大卒業者を、私の父は「帯広畜産大学卒」という自身の学歴と比較して、唯一見下せる対象だと見《み》做《な》したのである。

我が親ながら本当に精神的に卑小な男だと思う。情けないというか哀れというか……。その精神構造の矮小《わいしょう》さは今も救いようが無い。その父の極めて差別的（自分の学歴以下の人間を見下す）精神がいよいよ私をターゲットにとらえたのは、私が中学二年の時である。

前述したように、日大には全国に付属校がある。私の生まれ育った札幌市近郊にも、日大の付属高校があった。日大は私立だから、公立高校の厳密な学区制度を超越して、望めば誰でも受験できる。当然、日大の付属高校に進めば、学部選択は兎も角として日大本体への進学は内部進学という形で確定的になる。さらに、同校の進学コースに進めば、日大進学を保証されたうえで、さらに上位の大学への進学機会もうかがえるのだ。

全国的に知名度の高い日大への進学を保証されたうえで、その後の進路を決められる日本大学付属高校の進学コースを受験することは、当時の私にとってメリットしかなかった。学校案内のパンフレットは中学校を通じて無料で取り寄せることができたので、中学二年の終わりぐらいに、そのパンフレットを父親に見せて、日大付属高校を受験したいと申し出た。

この時ほど、父の顔色がみるみる変わった瞬間を私は見たことがなかった。父は「日本大学」の四文字を見た瞬間、燃費効率の悪い沸騰器のようにブチ切れた。

「あああ？　はあ？　日大だとおお⁇　Aと同じ日大だとおおお？　馬鹿を言えええええ

え！　日大なんて馬鹿の行く大学じゃないかあああ。お前はAと同じ日大に行くのかあ？　あ？　古谷家の恥晒《はじさら》しだ。日大なんて断じて認めない。ふざけるな！　お前は北大に行くんだよ！　北大に行かなきゃならないんだよ！　日大だって？　馬鹿か！」

という、取り付く島もない罵詈《ばり》雑言で私の日大付属高校への受験は、即座に完全に否定された。

繰り返すが、日大付属高校への進学は、日大進学とイコールではない。私の希望していたのは日大付属高校の進学コース（特進コース）であり、日大への進学が担保されたうえで、さらに偏差値的に上位の大学受験もうかがえるというアドバンテージを魅力的だと考えたのである。

しかし父は、日本大学という四文字だけで、急性アレルギーを発症したかの如く、全身真っ赤になって小刻みに震えながら日大付属高校のパンフレットを床に叩きつけ、問答無用、と徹底的に私を罵り、いつしかその罵倒は私を超えて日大卒の職場の同僚たるA氏の人格否定攻撃に達し、それが延々と続いた。

基本的に親権者の同意を得ないと高校受験ができない当時の私の立場にあっては、この父の猛烈な日大禁忌に逆らうことなど到底できなかったのである。

そして私は現在もなお、父がA氏に対してなぜそこまで差別的で侮蔑的な態度を「家庭内においてのみ」取るに至ったのか、その根本理由が分からない。「自分より格下」と認定したA氏から、嫌味の一言でも言われた経験があって、それで呪詛《じゅそ》の対象としたのだろうか。

それだったら面と向かってそのA氏とやらに「おい。俺を舐《な》めるなよコラあああ！」と宣戦布告をしたらよろしい。が、それができない小市民的内弁慶気質が父の本性である。真相は、今なお不明であるが、改めていえることは父が本当に卑小な精神構造を持っていて、差別的で、内弁慶であり、小市民的である、ということだ。

忘れがたき墓参りでのエピソード

丸山眞男のいう、中間階級第一類型の典型に属する父が、差別的な精神構造を発露したのは、日大出身のA氏に対するこの一例だけでは当然無い。前述したように、父の実家は北海道夕張市にある。後年実家そのものは札幌に転居したが、食道がんで七〇歳で没した祖父の墓は、この夕張市の急峻な渓谷斜面の一角にあり、私の少年時代、盆になると、毎年墓参するのが家族の恒例行事となっていた。

私の父は、根が小市民的で臆病にできているせいか、運転免許は持っていたが、自家用車は保有していなかった。家族をどこへ連れていくにも鉄道と地下鉄（札幌市営）、あるいはバスを好んだ。母との結婚当初はダットサンのような排気量一五〇〇cc未満の小型車を保有していたらしいが、ある時にそれを手放すと、クルマ社会の北海道で生きているにもかかわらず、徹頭徹尾ノーカーライフを貫いた。自分の加害責任で自動車事故を起こすのが怖かったらしい。

しかし、当然のことながら安全運転に気を遣《つか》っていれば自動車事故は起きない。万が一自動車事故を起こしてもその後処理は保険会社や弁護士に一任すればよい、などという合理的思考を持ちえないのが父であった。そんなノミのような心臓をしている癖に、日大出身者に対しては、公で放てば刑法的に「侮辱罪」「名誉棄損罪」に当たるような言葉を「家庭内のみ」でふんぞり返って浴びせる。それが父の卑小な二面性であった。

話を墓参りに戻す。毎年盆になると、祖父の御霊《みたま》を慰霊するために夕張市に一泊（あるいは二泊）する、というのが古谷家の家族行事であった。前述の通り、交通手段は自家用車を保有していないからレンタカーである。

札幌から夕張は直線で片道約五〇㎞だが、すでに述べたように、夕張自体が渓谷を切り開いた街なので、直線で到達することはできず、道路を右に曲がり左に曲がり、ようやく三時間くらいかけて到着するのである。祖父の墓は、夕張市街の旧中心部からほど近い斜面を切り開いたところにあり、特段参拝に苦は無かった。

夕張市は、一九七〇年代以降、全国的に石炭産業が斜陽になると、住民が加速度的に札幌方面へと流出し、もはや「石炭の街」としてはやっていけなくなった。それが原因で、公債を発行して、採算を全く度外視した共産国的な発想で、無駄で非効率な箱モノに血税を投入し続け、結果として全部失敗して財政破綻するのだが、とりわけ一九八〇年代以降、夕張が市の方針として民間に推奨したのが、「夕張メロン」の栽培と販売であった。

もとより冷涼な夕張市の気候を生かして、石炭から一次産品へ、特に高価な一次産品であるメロンの栽培とブランド付けが官民を挙げて大々的になされ、様々な形で全道、あるいは全国に宣伝された。

だから私が子供のころ、つまり一九九〇年代前半において、もはや夕張のイメージは石炭の街ではなくメロンの街であった（実際、夕張市の炭鉱はすでにすべて閉山していた）。そしてこの夕張メロンの売り上げも、二〇〇七年の夕張市財政破綻を契機に減少の傾向にある。

さて、この毎年恒例の祖父の墓参で、私の脳裏には忘れられないエピソードが刻まれている。

よく、今でも、ガソリンスタンドなどで「本日、満タンの方にティッシュひと箱プレゼント」などのフラッグを持った人が道路沿いで旗を振っているのを見たことがあるだろう。あるいは分譲住宅の販売などで、体の両面に「全区画三〇坪以上〜、二九八〇万円から」などの不動産広告を「背負って」、道路沿いに立っている宣伝マンを見たことがあるだろう。

このような広告の担い手を俗にサンドウィッチ・マン（広告に体が挟まれているから）というが、夕張でも、このフラッグ・マンやサンドウィッチ・マンが国道沿いの至るところにいた。

その広告内容とは、石炭の代わりとしてほぼ唯一夕張の特産品となったメロンの宣伝で、「大玉夕張メロンLサイズ、二〇〇〇円〜」みたいな広告を、国道を行き来する車に向かって体を張って延々とアピールしているのである。

ペーパードライバーで墓参の時だけレンタカーを借り、運転席に座る父は、この夕張メロンのサンドウィッチ・マンが運転席から視界に入ると、必ず、後部座席に座っている私に向かって、

「ほうら、あの人を見てみろ（指を差しながら）。かわいそうだろ。大学に行かないとああいう風になるんだぞ、あの哀れな姿をよく見ておけよ。よく目に焼き付けておけよ」

と説教を垂れ始める。助手席にいた母も、父親に同調し、「ほうらご覧。勉強しないと落ちこぼれてああいう仕事しかできなくなるんだよ。ああなったらダメなんだよ」と合いの手を入れる。

確かに夕張メロンの宣伝を国道沿いで行うサンドウィッチ・マンの仕事が肉体的に大変だということは分かるが、父と母は、毎年、彼らを国道で発見するたびに、「目指すべきではない社会の落伍者の象徴」としてこの説教をやるので、いい加減私は彼らに憐憫《れんびん》の情

を持つようになった。そして、いわれなき差別心を夕張メロンのサンドウィッチ・マンに対し、車内で充満させ続ける父と母の説教の時間が、とてつもなく嫌だった。

つまり、私の父も、そして母も、所謂「ブルーカラー」（宣伝マンが本当にブルーカラーなのかどうかの議論はあるが）に対して猛烈な差別感情を内包し、その差別的世界観を子供に向かって公然と口にしていた。

屋台の金魚屋の前で土下座

このような傾向は、私の幼少期における様々な場面で記憶されている。例えば父とタクシーに乗った時、車内で父はタクシーの運転手に慇懃《いんぎん》無礼なほどの敬語を使って行先を指示する（当時まだカーナビが一般的でなかった）が、降りた途端に「なんだ、あの運転手は。馬鹿のくせにいばりやがって。お前も大学に行かなかったらああいう風な仕事しかできなくなるんだ。一生タクシーの運転手になるんだぞ、それでいいのか？　良くないだろう。じゃあ、勉強しないとな」という具合である。

あるいは北海道の短い夏に開催される夏祭りに、焼きそば、フランクフルト、イカ焼き、くじ引き、射的などの屋台が軒を連ねると、少し酒の入った父は、まるで憐《あわ》れむかのように屋台を睥睨《へいげい》して、それらを経営する所謂「テキ屋」の人々を「大学に行かないとああいう仕事しかできない落伍者になる」と馬鹿にし、そのくせテキ屋と対面すると、その背後にある腕力に恐れをなしてか急に敬語を使って直立不動になる。

忘れもしない、私はある夏祭りで金魚すくいをやった。金魚すくいというのは土台、可《か》愛《わい》らしい子供の余興であって真剣に魚を捕るなどと考えてはいけないもので、たいていは水につけるとすぐに溶けるモナカが洗濯ばさみで軽く挟まれている（もちろんこれとは別に、網方式もあったが、これはちと高い）。

私は、すくった金魚の重量にできるだけモナカが耐えられるように、その洗濯ばさみの位置を奥のほうにずらした。そうすると、目ざとく私の動作を見ていた屋台の親父《おやじ》が、「僕ぅ、それルール違反だよお！」と軽く叱咤を浴びせたのだ。叱咤というか、叱咤にすら入らない範疇《はんちゅう》であったが、横にいた父親がすかさず、

「ほっ、本当に、ほっ、本当に、息子が、申し訳ありません！　申し訳ないことを致しました！　お許しください！」

と金魚屋の親父に頭を下げだしたのである。しかしひとりの少年が、多少ズルをして金魚を一匹多く捕ろうとテキ屋の経営が傾くわけではない。金魚屋の親父は「あー、いいよ、いいよ」と笑って許したのだが、父親は本当に頭が土につくような勢いになって、土下座せんばかりの勢いで謝罪を続けるのである。そしてその金魚屋の親父に金魚を一匹おまけしてもらって家路を辿《たど》る間、父は延々激怒して、

「ああいう連中は怖いんだからな！　ああいうのはヤクザなんだからな！　何であんなことしたんだ！」

と、罵詈雑言を私に浴びせ続けたのだ。すっかりお祭り気分だった私の躍る心は、この父親による突然の激怒により、冷水を浴びせられたかの如くとなった。私が何歳の時だったか覚えていないが（多分、小学校低学年）、今でもこのあと味の悪い、嫌な光景は私の脳裏に焼き付いている。

父は、ブルーカラーや反社会的勢力（所謂テキ屋が反社会的勢力とイコールとは全く思わないが、当時父はそう考えていたのだろう）を、徹頭徹尾、馬鹿にして差別するが、いざ彼らを眼前にすると、何も言えなくなる。理不尽な暴力的勢力に正論で立ち向かおうという民主

的自意識が無いのである。

だから前述したＡ氏への罵詈雑言も、決してＡ氏の眼前では行わず、家庭内にその不満のはけ口を求めた。要するに小市民であり差別的内弁慶なのだ。はっきりいって父親としては一番格好の悪いタイプである。

このころから、今振り返ると私は父に対し、子供心ながらはっきりと哀れな評価を下すようになった。どんな子供だって、所謂「ブルーカラー」が聞いていない、安全な圏外では彼らに対しむき出しの、差別と悪口を垂れ流しているのに、いざ相対すると平身低頭する父親の姿を見てこれを誇ろうとは思わないだろう。

このような私の幼少期の原体験が原因かどうかは分からないが、私は相手が右翼だろうとヤクザだろうと、理不尽な要求や恫喝《どうかつ》に遭遇すると、必ずその場で警察に通報、あるいは検察に文書で刑事告訴して刑事事件にする。

それでも納得できないとなれば、民事訴訟案件にして、信頼のおける弁護士に相談して徹底的に戦うようにしている。私にとっては暴力的恫喝や理不尽な要求など何の恐れも無いし、無効である。その都度、法と正義に基づき、徹底的に反撃するからである。

それよりも、腕や足をかまれ、背中を引っ掛かれ、爪を立てられて真皮を抉《えぐ》られ、大出血で皮膚に傷が残る事態になっても何の犯罪にも問えず、損害賠償も問うことのできない、私の飼っている猫たちのほうが、よほどタチが悪いというべきである。

理不尽で非民主的な境遇を良しとしないで、必ず断固対抗して声をあげるようになった私の性格の根本は、民主的自意識や自覚を持たず、相手の見ていないところで悪口のみを言って溜飲《りゅういん》を下げ、何ら改善へのアクションを起こさない、卑小な父の姿をずっと傍《はた》で見てきた結果にあるのかもしれない。

そして私は、何となしに「ブルーカラー」の多く住む街や、西日本のドヤ街や、そこで普遍的に食べられ、また飲まれる庶民的な飲食物や雑多な雰囲気のほうに、小奇麗なレストランで飲むワインなどよりも、はるかに愛着を覚える。暇があればそうした場所に通うようになったのも、この父のブルーカラーに対しての差別意識への反発があるからかもしれない。

もっともここではっきりと断っておくが、現在、「ブルーカラーの多く住む街」などというものは定義が困難で、西日本のドヤ街というのもほぼほぼ観光地化して往時の排他性など無いのだが、ここでは便宜上そう呼称する。

そして私自身、「ブルーカラー」なる単語を自分の文章の中で使用すること自体大嫌いだし、ホワイトカラーとブルーカラーをどう線引きするのか、その定義すら混沌としているのである。社会のほぼすべての階層を巻き込んで貧困化が進行する現代社会にあって、こういった分断的記述は私の望むところではないが、実際に私の父が、前述のようなむき出しの差別意識を抱いていた事実を踏まえて、あえて「ブルーカラー」という表現を使っていることにご留意いただきたい。

ともあれ、私の父はこういう人間であった。今考えても、父としても人間としても、誇るべきところが何も無い、卑小な差別精神を持った下級官吏であった。そしてその精神は、私の母にも同程度かそれ以上に存在したのである。

第二章　母親と私——疾病と宗教

宮城から帯広へ入植した一族

私を被害者とする教育虐待の実相を記すにあたって、避けて通れないのは私の父親のこと、そしてそこから発生する私と父親との関係性であったことは前章で述べたが、もう一つの巨大な存在は、その父の伴侶たる私の母親と私との関係性である。

私に対する教育虐待に父と母がどのような按分《あんぶん》で関与したのかは、正直いって厳密な査定は難しい。五〇対五〇ともいえるし、双方に一〇〇対一〇〇の責任があるともいえる。だが後者の評価を採る場合は、父と母による私への加虐が、同じ程度に重複されて総体として虐待が形成されていた、ということになる。今振り返れば、どちらかというと「何対何で父が悪い、母が悪い」というものではなく、この一〇〇対一〇〇説を私は採用する。

というのも、私の母は父による教育虐待を抑制したり、掣肘《せいちゅう》することを一切せず、むしろ夫婦共同で私に対し酷《ひど》い虐待を行ってきたからである。つまり夫婦揃《そろ》って教育虐待の主体であり、そこにどちらが主で従か、という関係性は無い。むしろ、下級官吏として仕事に追われ、残業をして家に遅く帰って来がちな父よりも、物理的接触時間ははるかに母のほうが長いものであった。

しかし、母が私に対する教育虐待を主導したのではない。繰り返しになるが、夫婦揃って加虐の思考的土台があり、そこに主従の関係は無く、ほぼ平等に私への虐待を恒常的に続けてきた片方の存在が母だったのである。だからこの章では、私の母のことを記さなければならない。


母は戦後七年目、つまり一九五二（昭和二七）年に北海道帯広市で生まれた。ちょうど、朝鮮戦争が戦局的に一段落を迎えた年で、ソ連首相スターリンが死去する前年である。父より五つ年が下である。

母の実家は所謂「開拓農家」の子孫であった。帯広市は、北海道東部において、釧路《くしろ》市と並ぶ中核的存在であるが、釧路が漁港の街であるのに対し、帯広は広大な市街地の農地から一次産品を生産する重農業都市の顔を持っている。

帯広は、これまた札幌がそうであったように、この地の先住民族たるアイヌ民族が、アイヌ語で「オベリベリップ」と名付けた地名を、あとからやってきた日本人が勝手に「オべリベ」と短縮して、そこに漢字を当てて「帯広」と改称し建設した街である。

オベリベリップとはアイヌ語で、「オベリ川の分岐点」という意味で、オベリ川とは現在の帯広川を指す。帯広のある十勝平野は、本州でいうところの一県が丸々収まってしまうほどの広大な平野を形成し、それが大雪山（北海道の中心にある最高峰）を水源地とする十勝川（帯広川はその支流）の巨大な沖積作用によって、肥沃な大平野が生まれたのであった。

よって帯広一帯には、明治時代に蝦夷《えぞ》が北海道と改称されて以来、畑作に適しているとして、特に戊辰《ぼしん》戦争で賊軍となった東北諸藩の旧士族がこぞって入植し開拓した。これは帯広よりも北東に位置する北見市もほぼ同様の形成過程を辿っている。

ところが殖産時代は、現在と違って防虫技術が発達しておらず、帯広一帯はイナゴの大襲来を受けて壊滅的打撃を何度も被っている。明治期の北海道開拓の中で、帯広を含めた十勝ほど、その試練に見舞われた土地は無いといっても過言ではない。

さて、私の母の祖先がこの帯広に入植したのは、そういった艱難辛苦極まる明治初期の段階ではなく、明治国家の土台が一応形成された日清戦争（一八九四〈明治二七〉～九五年）

のあとくらいで、別に旧士族でも何でもない「平民」身分であり、宮城県郡部からの入植者であった。

なぜ私の母方の祖先が宮城県から帯広に一族郎党を引き連れて入植したのかの具体的経緯は不明であるが、そのころの北海道は、昭和時代の「満蒙開拓・満蒙入植」の掛け声と同じように、内地で貧窮していた者が一発逆転を狙って移住を夢見るような開拓地として認識されていたことは間違い無い。そして結果的には、先住民であるアイヌ民族を圧迫し、その過程で彼らの生活基盤を収奪するような格好で、北海道東部の開発は進んでいった。

これの善《よ》し悪《あ》しを論ずることはしないが、実際に北海道のほとんどあらゆる地域の入植者は、大なり小なり先住民族たるアイヌ民族を物理的に圧迫して近代的土地所有権を確立し、無意識的にも明治国家の領土拡張と、北海道の「内国植民地」化を担った前衛であったのである。

ともあれ、母方の祖先は、苦心の末、帯広開拓に成功し、私の母の代（戦後）になると何十ヘクタールもある巨大な耕作地を有するジャガイモ農家として、帯広市内の辺境に広大な農地を有する地主になっていた。

明るい母の性格を変えた病気

母は、この家の五人兄弟姉妹（私の記憶が正しければ）の末っ子として生まれ、地元の公立商業高校を一九七〇（昭和四五）年に卒業する際、簿記の資格を取ったらしい。英検三級と普通免許（ただしAT限定）しか目ぼしい資格の無い私からすると、母は立派な女学生である。高校卒業後は、大阪の短期大学に進学して保母の資格も取ったというが、何分このあたりの事情は曖昧である。

そして、大阪・関西の気質が合わなかったのか、短大卒業後は在阪せず、Uターンして帯広の実家に戻り、帯広畜産大学の事務員として採用され（簿記の資格保有が効いたのであろう）、そこで当時同大学部生であった私の父と昵懇《じっこん》になり、結婚に至る。まっこと、標準的な青春時代であるといえる。

結婚後、父の札幌医科大学大学院進学に伴い、帯広から札幌に転居した私の父と母は、一九八二（昭和五七）年に長男を産む。これが私である。この時父は三五歳、母は五つ下なので三〇歳ということになる。時代を考えても、まずまず標準の範疇であろう。二〇〜三〇代のころの母は、父の性格が前章の通り歪んでいて、どちらかといえば陰鬱にできているのに対し、陽のキャラクターであった。なぜそういえるのかといえば、幼少時代、母が私に見せてくれた写真アルバムに写っていた若き日の姿は、後年では信じられないほど太っていて、常に笑顔であったからである。

実際、私の母に対する印象は、小学校高学年くらいまでは、「明るく、よく笑い、よく食べる母」であった。むろん、このころから母は、父の学歴コンプレックスの反動としての、子供に対する北大進学強制という愚挙に同調していたのだから、彼女なりの、父とはまた別次元の学歴コンプレックスがあったのである。

事実、母は「私は短大しか出ていない」というのが口癖であった。だが、これもまた統計を引いてみると、母が高校を卒業した一九七〇（昭和四五）年、女子の大学進学率はたったの六・五％だった。つまり一〇〇〇人の高卒女学生がいるとすれば、わずか六五人が大学に進み、残りの九三五人は非進学者なのである。

こう考えてみれば、公立商業高校から短大に進学・卒業した時点で、母も同学年の中ではまず上位十何%階層の教育を受けている側になるが、父の思想的影響をモロに受けたせいか、それとも父と母の関係性が、母の側からして父のほうに追従的だったせいか、母にも相応の学歴コンプレックスがあったのである。

だが、「当初」はそれは父のように強烈なものではなかった。それは、母が社会に出た一九七〇年代当時、「女子で大学に行く」という階層は一貫してマイノリティーであり続け、女子の大学進学率がようやく二割を超えるのは、信じられないことに平成期に入ってからの一九九四年である（ちなみに、二〇一八年度の女子の四年制大学進学率は、五〇・一%である）。

このように母は、父とは違って、その社会環境からして「大学に進学しないのが圧倒的多数」という状況で育ったから、父のような学歴による「差別や蔑視」を、実体験として共有していなかったのであろう。だが、この母の世界観というか、人生観が根底からひっくり返る出来事が一九九二年に起こった。

母が、突如、トイレで血便を垂れ流したのである。当時小学校四年生であった私は、もちろん直接その現場を見ていたわけではない。だが、明らかに痔《じ》とは違う、鮮血ではない内臓の異常が疑われる血便の多発に、当然のこと、母はショックを受けて、すぐさま札幌市内の総合病院を受診した。そして、その病院の内科の主治医から「大腸がんの可能性が大である」と告げられたという。

この時、母はちょうど四〇歳。この本を書いている私が現在三七歳だから、それほど年齢は違わない。当然、初診で確定診断は出なかったが、「がんの可能性大」と医師に言われた時の母のショックは、本当に察して余りある。

現在、がん全体の五年生存率は、原発部位を問わず、様々な治療法により、上昇が続いている。がんは決して死に至る病ではない。肝胆膵《かんたんすい》系などの難治性がんは依然として厳しいが、それ以外のがん治療成績は目覚ましい進歩を遂げ、重粒子線治療などの先端医療も、高額ではあるが増えつつある。とはいえ、四〇歳の若さで「大腸がんの可能性」を医師に告げられたら、私なら多分、将来を悲観して前後不覚になると思う。

私は死ぬことに対して、そこまで恐れは無い。が、常に死を自己決定の結果として想定しているので、正直自分の体の細胞が悪性化して、自己の決定の範囲外、つまり内部から勝手に蝕《むしば》まれていくことには恐怖を感じる。それならば、自決したほうが良いとすら考えており、そういう観点から、四〇歳でそういった類いの可能性を指摘されることに、母はよく耐えたと思う。この点には、極めて同情する。

四〇歳という年齢は、がんの好発年齢ではないと考えられている。がんは細胞分裂の不具合の連続で起こると考えられており（ただし、その発生メカニズムには現在でも謎がある）、ある種の老化現象である。四〇歳でのがん発症は明らかに「若年がん」である。

しかし母親の血便の理由は、紹介状で転院した札幌市内のもっと高度な医療機関で何度も精密検査をした結果、幸いなことにがんではないことが分かった。確定した病名は「潰瘍性大腸炎」。単なる偶然だが、これは憲政史上最長政権を誇る安倍晋三前首相が青年時代から悩まされてきた病と同一のモノである。

潰瘍性大腸炎とは何か。簡単にいえば自己免疫疾患の一種で、自身が持つ免疫の過剰活性化により、自分自身を傷つけてしまう病気である。潰瘍性大腸炎は、主に大腸部位を自己の免疫細胞が傷つけることにより、繰り返し潰瘍が出現し、そこから大小の出血が起こり、それが便に混ざる。母の下血はこの病が原因であったのだ。そして厄介なことに、その潰瘍発生の原因がそもそも自己免疫によるものだから、一度できた潰瘍が治癒しても、また過剰な自己免疫によって別の場所に潰瘍を発生させる、という悪循環を繰り返すのである。

そして潰瘍性大腸炎は、根治的治療法が確立されておらず（とはいえ現在では、様々な治療法や新薬が開発され、患者のＱＯＬ〈生活の質〉は劇的に向上している）、国が「指定難病」に認定している。

母はがんではなかったが、結果としてほぼ一生、付き合っていかなければならない難病を四〇歳という若さにしてしょい込むことになった。そして現在でもそうだが、潰瘍性大腸炎の患者は、ただでさえ恒常的に炎症を起こしている大腸を保護するために、栄養士から厳しい食事制限を命じられた。

母の場合、まず乳製品（牛乳、チーズ、バター、ヨーグルトなど）、卵類、一切の肉類、油の多いものは絶対ダメ。水道水ですらもカルキを含んでいるから大腸への刺激物として禁忌とされ、母はミネラルウォーターすら飲むことができず、水道水を煮沸して飲用とした。ではカロリー摂取の大きなウェイトを占める、炭水化物の権化・米類はどうかというと、煮沸した水で炊いた白米すら大腸に刺激を与えるという観点から禁忌とされ、常にどろどろにしたお粥《かゆ》生活が始まった。

よって母の食べられるものというのは、素うどん（具材投入はダメ）などの消化の良い麺類、粥、極限まで油を除去したパサパサの魚（特にサーモン類）などに限定される（せいぜい味付けは、梅干しと醤油《しょうゆ》ぐらい）という、まっこと貧相なものに限定されたのである。傍らで見ているこっちがいたたまれなくなってくる。

当然、こうした食事療法の結果、総摂取カロリーが激減するので、黙っていても痩せる。それまで、一五〇cm強、体重七〇kg以上というふくよかな肥満体形だった母が、一時期その体重が急速に下降線を辿って四〇kgを切って三〇kg台になった。少年の私から見ても、このまま母は死ぬのではないか？　と思うほどの激痩せぶりであった。

こうなってくると人相が全く変わり、がりがりに痩せこけた別人になる。いくら潰瘍性大腸炎の専門医から、「あなたの病気は死には直結しない難病であり、頑張って長期的に治療をしていけば大丈夫です」と言われても、意に反して体形が劇的に変化していくのを悩まない者はいないだろう。痩せこけて別人になった自身の顔を鏡で見て、母が死をも覚悟したことは想像に難くない。

毎日体重計に乗って、体重増減に一喜一憂する（しかし、結果的には痩せていく）母親の姿が強烈に私の少年時代の記憶に焼き付いている。このころから、母は精神を徐々に病むようになった。今考えれば、当時の母に対して、精神的ケアがあまりにも足りなかった。一九九〇年代の医療体制は、ほぼ物質主義的なものに限られていたからだ。

今のような（もちろん今でも十分とはいわないが）、患者のメンタルまで総合的にケアするという医療体制が全くできていなかった。だから母親は、札幌市内において最高水準の治療体制を誇る（ということは、北海道内において最高レベルの）、潰瘍性大腸炎の専門医のいる巨大病院で、難病指定患者として高度な通院治療を無料で受けることができたが、そこには母の恐怖や不安に寄り添い、その精神的振幅を軽減する体制は、全く欠落していたのである。こればかりは母の瑕疵《かし》では全く無く、当時の発展途上の医療体制がもたらした不幸であるといわざるをえない。

宗教に救いを求めて

一九九五年。世の中が一月に発生した阪神・淡路大震災、続く三月のオウム真理教による無差別地下鉄サリンテロに震撼《しんかん》していた時、私は地元の公立小学校から学区内の平凡な公立中学校へと進学した。

政治の世界では、一九九三年に五五年体制が崩壊して細川護熙《もりひろ》連立内閣が成立していたが、不正献金疑惑で短命に終わり、羽田孜《はたつとむ》と続いた非自民・非共産連立は崩壊。すぐさま自民党が政権を奪還したが、それは何と長年敵対していた社会党と連立（自社さ連立）し、首班指名を社会党の村山富市《とみいち》にするという荒業の果てであった。

その結果、社会党はそれまで反対していた政策を一八〇度転換して、自衛隊の合憲、日米安保体制の護持に転換し、結果としてそれが社会党の破滅につながっていく。まさに政界も社会も激動の時代であった。

母の病は、このころ、ちょうど発症から二～三年。一九九〇年代中盤、現在では新薬や最新治療法が続々開発され、潰瘍性大腸炎の患者の苦痛は劇的に軽くなったとされるが、当時まだその治療方法は、少なくとも臨床段階では試行錯誤の連続であり、母への治療も対症療法的で、姑息《こそく》（ここでいう姑息とは、〝一時しのぎ〟の意味）なものに限られ、病状は一進一退を繰り返し、最悪期の状況が続いていた。

母は、一向に改善しない自身の病状に絶望を感じ、精神の救いを求め、知人の勧めで新宗教に入った。ここでは、仮にこの新宗教をA教団とする。A教団は法華系《ほっけ》（日蓮宗《にちれん》）の新宗教で、その創立は戦前期。公称信者数は約一〇〇万人という中堅宗教団体である。

A教団の教義は、私の見たところ法華系の中では至極穏健なもので、先祖供養と「南無《なむ》妙法蓮華経《みょうほうれんげきょう》」を唱えれば病気が平癒するという現世利益《げんせりやく》的なものであった。病身の母は、何も深慮遠謀することなくこのA教団の唱える、「無心に南無妙法蓮華経を唱えれば病気が平癒する」という教えに直線的にすがりついた。

私は決して母を悪く言っているのではない。物質的には最高水準の治療を無料で受けられても、母の精神世界は荒廃し、当時の医療体制はそこに何ら救いの手を差し伸べなかった。だから、その結果が母を宗教に走らせたのであり、決して母が馬鹿だったとか、母の入信の決断が浅はかだったとかをいうつもりは毛頭無い。母は現在でもA教団の熱心な信徒であるが、そこで心の平穏を得ているのだから、私は何らA教団に対し悪い感情を持っていない。

むろん、私は近代主義者であるから、先祖供養をして南無妙法蓮華経を唱えれば病気が平癒するとは一ミリも信じていない。先祖供養や唱題と、肉体的疾病の治癒には何の相関関係も無い。後述するが、私は大学でなまじ歴史を齧《かじ》ったので、法華の祖である鎌倉時代の日蓮について、歴史学的評価でしか彼と彼の起こした宗派を見ることができないのである。

ここに私と母の決定的相違点があり、これは永遠に解消できないであろう。が、私がA教団に対し一つ良いなと思うところは、信者に布施を強要しない点だ。母がA教団に「年間」で払う金額はせいぜい一万円未満という微々たるもの（高くても数万円に満たない）であり、そこは清廉であるなと思う。これが、オウムのように出家を強制したり、財産の寄付を強制したりする教団であれば大変なことになるが、A教団はそういう宗教ではない。これは救いだった。

だが、問題は母がA教団の信徒になったことでは全くないのである。問題なのは、精神のバランスを崩して、一九九五年に中学生になった私に対し、母は父親と同じかそれ以上の教育虐待を加えるようになったことだ。

病状悪化は息子の「不徳な行い」のせい？

この時点ですでに母はA教団の熱心な信徒になっていたが、当然のことだが信徒になり、四六時中先祖供養や唱題をしても、たちどころに自身の難病の症状が改善されるなどということはありえないことである。なぜ熱心に先祖供養や唱題をしても、自身の潰瘍性大腸炎の症状が改善されないのか？　それは、むしろ自分自身の信心不足ではなく、自らの家族の不信心や不道徳な行いが原因であると、同じ先輩信徒に吹き込まれたのである。要するに諸悪の原因は長男である私とされたのだ。

母は、自らの病状悪化のすべての原因を、私の行いのせいだと勝手に決めつけ、徹底的に私の一挙手一投足を呪詛するようになった。なぜ根拠の無い糾弾のやり玉が夫である父ではなく、そして私の妹でもなく、私だったのかは、明確な回答がある。母は夫の世界観に追従し、父に対し反抗心を有しておらず、かといって妹は私と七つも年が離れており、一九八九（平成元）年生まれで、一九九五年当時わずかに六歳であった。

当然、鬱憤を晴らして徹底的に嗜虐《しぎやく》する対象として、自我を持ち中学生となった一二歳の私がうってつけだった、というわけだ。

潰瘍性大腸炎の症状が一進一退を繰り返して、当時ほぼ唯一の対症療法であったステロイド剤の副作用（ステロイドは効果が強い反面、恒常的に使用すると吐き気や皮膚発疹などの様々な副作用を発生させる）に悩まされたり、相変わらず下血や下痢を繰り返したりすると、母はその原因を私の不徳な行いであると決めつけ、不徳な行いをしないように私を四六時中監視しだした。

「不徳な行い」とは、私が勉強に集中しないことと、私が勉強に集中しないすべての要因についてであった。母は、元来やや几帳面《きちょうめん》な性格であったが、この時期になるとそれは病的になり、私の部屋が少しでも整理整頓されていないと、それを「不徳な行い」と認定して、徹底的な整理整頓を命じた。

そして私の部屋の清掃が、ゆるぎない受験体制の樹立に不可欠な土台であると口を酸っぱくして説き、毎日のように私に部屋の清掃を（たいして汚れてもいないのに）数時間にわたって強制したのである。部屋の整頓と受験体制の樹立には相関関係は無いが、事ここに至って、母も異常といえる段階に到達したのである。

とりわけこの傾向は、翌一九九六年、私が中学校二年生に進学するとますます熾烈《しれつ》になった。母は一向に改善しない自身の潰瘍性大腸炎の病状にノイローゼ状態となり、極度の不眠症になった。そしてその不眠症の原因をも、私の「不徳な行い」に結び付けた。

私の中学校での成績が、二年時になると明らかに低下しだしたからだ。もう一つは、母親は前述のように精神状態がズタボロになり、不眠症とともに呼吸困難を訴えだし、潰瘍性大腸炎の治療とは「別」に、札幌市内の中堅私立病院に入退院を繰り返した。母の訴える呼吸困難と窒息感の原因を、入院先の医師は数次の精密検査でも特定することができなかったので、これを概ね精神的なものと判断して精神安定剤を処方した。

それによりいっとき母の精神は安定して退院するが、すぐにまた元の状態に戻って入院する。後年判明するのだが、実際には母の訴えた原因不明の呼吸困難と窒息感は、左右どちらかの気管支の一部に発生過程が謎の痰《たん》が詰まっていたことによるものだった。それが除去されることにより完全に治癒したのだが、結果としてはその痰の発生も肉体的疾病の恐怖から生じた精神的ストレスが原因であると推察すると、もっとガツンと強い安定剤なり睡眠剤などを継続的に医師が出しておけばよかったのかもしれない。しかし、何分医師にも原因が分からなかったので、そういった治療は行われなかった。

そして精神的にズタボロになった母は、「横になって眠るとこのまま死ぬ」という強迫観念に苛まれ、「椅子に座って寝る」という行動に出た。横になると息が詰まって死ぬが、座って寝ると幾分かはマシであろうという発想である。もちろん医学的根拠は無い。

家のリビングでそれが行われたため、睡眠薬を服用しても一日に数時間しか眠ることができなかった母は、ヒステリーを起こして深夜に至るまで私の一挙手一投足を監視した。私が「不徳な行い」、つまり勉強に無関係なこと、例えばアニメを観《み》たり漫画を読んだりしているのを発見するや否や、「お前のせいで腸から血が出る」だの、「お前のせいで腸が削れる（この表現は本当に、何千回、何万回も母が口にした悪口である）」だの、「お前のせいで私は死ぬ」だの、何の根拠も無い罵詈雑言を、四六時中、もはや昼夜など関係が無くなった母から私は毎日毎日浴びせられ続けるのである。

私が、パニック障害を発症する一九九八年一二月まで、この時点で約二年半。今思えば、何ら根拠の無い罵詈雑言で精神が狂う直前にまでストレスが鬱積していたのは、母ではなく、その母の悪口を「家族」の中で一身に受ける私のほうだったのである。

事ここに至って、「難病の母」としてそれまで憐憫と同情の対象であった母に対する私の評価は、一九九六年（中学二年）には完全にゼロとなり、逆に憎悪と侮蔑の対象でしかなくなった。第一、母親の悪口の根拠が理不尽極まりない。そもそも私は中学生であった全期間を通して成績は上の下、ないし中の上くらいで、中学一年から二年に進級した段階で成績は確かに一時的に落ちたが、それは偏差値で六五あったものが六〇前後に低下しただけで、依然中堅上位を保ち続けていたからだ（とはいえ、内申書的にトップコースから脱落していたのは事実だが、それが何だというのだろうか）。

当時の私は、なぜ痩せ細ってノイローゼ状態となった母から、深夜に至るまで「私の苦痛のすべてはお前のせい」と罵倒され続けなければならないのか、理解に苦しんだ。今思えば、母にとって私は、単に、ストレス発散のサンドバッグにすぎなかったのである。

そして私は、このころから完全に母との対話を諦めて、自分の世界にひきこもるようになった。それはアニメ、映画、文学、漫画、その他のカルチャーへの没頭であるが、母には私のそういったものへの傾斜がますます「不徳の行い」として映り、事あるごとに私を呪詛して面罵し続けたのである。

このようにして、私に対する教育虐待は、父母ともに一九九六年にはほぼその「完成」

を見ることになる。そうして私がパニック障害を発症する一九九八年の一二月以降、私が実家から大学進学を理由に離別する二〇〇一年の三月末日まで、この「地獄」は、ほぼ一時の「手加減」もなされないまま続き、ますます苛烈な教育虐待となってその悪魔の如き炎を燃やし続け、私の精神を無差別爆撃のように徹底的に、これでもかというほど破壊していくのであった。

第三章　教育虐待

一四歳の諦観

一九九六年は、私が中学二年に進級した年であると同時に、前年から無思慮かつ本格的に開始された両親による虐待に対し、私が「諦観」という二文字でしか対処せざるをえなくなった最初の年でもある。

第一章で記したように、私の父親は、彼が精神の根底に元来持つまことに歪んだ学歴に対するコンプレックスから私に北大進学を強制した。一九九七年に中学三年に進級するや、ほぼ内申書の「出来具合い」が固まってきて（中学三年時に突然内申書の評価が逆転するというミラクルは起こらない）、私の進学先がどうも父の希望する札幌西高ではなさそうだと判明するや否や、父は毎晩、私を自室に呼びつけ深夜に至るまで「ゴミ」「クズ」「低能」と面罵し、「これまで我々がお前にかけた費用（塾代、生活費、飲食代、小遣いなどもろもろ）を返せ！」と、「費用対効果」などという単語を投げつけ、「お前に投資した費用は、西高に行かなければ効果が無いので、そっくり返してもらうぞ！」という、あまりにも理不尽な罵詈雑言を浴びせ続けた。

これに対し、当時、一四歳であった私の心がどうであったか、正直に申し上げる。私は殺意を抱いていた。「はじめに」で記したように、父は、私が札幌西高に行ける状況ではないことを知るや、罵るだけでなく、あろうことか虫の居所が悪かったと見え、私に殴りかかってきた。

だが父は前述の通り、喧嘩《けんか》などしたことも無い小心者であったので、その拳は私の部屋の金属製の蝶番にぶつかり、結局、父による私への傷害は未遂に終わったのである。愚鈍な父は、蝶番に思いっきり左手（父の利き手は左手であった）の手首を打ち付けてその部分は腫れ上がり、その腫れが一向に引かず、半年と経《た》たないうちにその部分がぶよぶよに肥大した。すわ父は外科を受診し、良性ガングリオンと診断された。人間、慣れないことはするべきではない。自業自得である。ざまあみろ、と内心私は快哉《かいさい》を叫んだ。

しかし父が、「こうなったのはお前のせいだ」と責任を私に転嫁し、「病院の治療費を払え」などと不可能なことを迫った時には、本当の意味で瞬間的に殺意を覚えた。

ところが私は根が「ほぼほぼ」常識的にできているので、この男（父）を殺したいと思う気持ちを当然実行することはできず、内心のみで父に侮蔑的な言葉を投げつけ軽蔑するだけで、一切の会話を拒否して自分の精神世界にひきこもった。このような理不尽で、理屈の通じない馬鹿には、もうどんな言葉も通用しないものであると、一四歳の私は諦観したからである（父が私に手を上げたのはこの時が最初で最後である）。

一方、潰瘍性大腸炎を患って新宗教にその精神の救いを求め、しかし一向に病態の改善しない母は、第二章で記したように元来それほど学歴コンプレックスは持ちえなかったはずだが、このころになると完全に父の世界観に追従して、夫婦揃って「勉強をしないお前はクズであり馬鹿である」と深夜にわたって私を面罵し続けたのである。

そして私が母に対して当時持ちえた心情というのは、これも正直に申し上げると消極的殺意である。母の場合は、殺したいというより当時すでに病身であったので、このまま死んでくれないかなあ、という漠然とした思いであった。

しかし私の母への消極的な殺意が積極的殺意に変わる時が来る。一九九七年（中学三年）に母が私に対して行った平手打ちである。母は私が勉強をしない、よってこのままでは札幌西高に進学できない状況であると判明するや、それを「不徳の行い」と認定して、ベッドに押さえつけ、私の左耳を強く殴打したのである。

結果として鼓膜は破れ、のち十数年（二〇代中盤まで）にわたって私は左耳の奥に違和感を覚える後遺障害を負うまでになったが、当然、母は自らの殴打を「不徳の行い」を矯正するもので、それは「日蓮の御心《みこころ》」に基づいていると信じて疑わなかったので、通院も治療も全くなされないまま放置されたのである。

自身は国指定の難病に認定されて少なくとも身体的には十分な治療を受けているというのに、長男に後遺障害を負わせる傷害事件（むろん、これはれっきとした重大な刑事事件である）を起こしても、その治療は一切放置するという、異常な行動に及んだ。私は母を刺し殺そうと夜な夜な決意したが、最後の最後で私の自制心がそれを押しとどめた。

私がこの時の殴打で、なぜ鼓膜が破裂したことが分かったのかといえば、後年だいぶ経って、ある耳鼻科医にこのことをつまびらかに話すと、「それは典型的な鼓膜破裂の症状ですね」と言われたからである。

カルチャーに魅了された高校時代

しかし、前述したように、私は中学生時代を通じて、勉強しなかったわけでは決してない。むしろ私の怠惰な人生において、中学生時代ほど受験勉強に直線的にのめり込んだ時代は無いと回顧できる。

その結果、「はじめに」で記したように私の幼稚園時代に父が、勝手に札幌西高進学↓北大入学↓卒業という長男に対する無思慮な計画的人生を立て、そのため「だけ」にマンションを購入してまで望んだ、札幌西高進学という両親の「手前勝手な願望」には届かなかったものの、中堅の公立高校に進学することには成功したのだった。

実をいうと、この時だけ、両親からの虐待は、ほんの少しだけ軽減した。なぜなら「はじめに」で記述した通り、私の進学した中堅公立高校は、その上位五％程度が北大に進学するというささやかな「実績」があり、高校に進学した私に、父・母は、その「上位五％」に入ることを熱望したからである。

だが、私の所謂受験勉強に対する気力は、なまじの中堅進学校である高校進学時にあらかた使い果たして、実をいえば高校時代にはほとんど残っていなかった。なぜなら、これこそ後年の私の人格を形成する土台となったものだが、中学生時代の苛烈な両親からの虐待で精神世界に逃げた私は、教養の源泉となってくれた映画やアニメ、文学、そこから派生する歴史学や心理学の世界に、完全に魅了されてしまっていたからである。

特に中学二年の時に、作家の村上龍氏の作品に出会ったことは、私の後人生を大きく決定した。『愛と幻想のファシズム』を初読として、『限りなく透明に近いブルー』『海の向こうで戦争が始まる』『コインロッカー・ベイビーズ』『69 sixty nine』『昭和歌謡大全集』『五分後の世界』『イン ザ・ミソスープ』『希望の国のエクソダス』など、私は村上氏が著した長編小説のうち、当時市中で手に入る範囲内でそのほとんどすべてを高校時代で読了していた。そして私がどれにも増して高校時代にバイブルとし、事あるごとに気持ちを奮い立たせていたのは、氏のエッセイ『すべての男は消耗品である。』シリーズであった。

何より魅了されたのはその文体の美しさである。現在でもゆるぎなく確信していることだが、日本文学界において村上龍氏ほど完成され、そして洗練された文体を持つ作家はいない。こんなに文章の上手《うま》い作家を見たことが無い。そして現在に至っても、村上龍氏を超える文体の美しさを持つ作家は登場していないと私は見る。

このあまりにも上質な文体の洪水に、中学二年で出会ったことが、私の暗黒の時代にあって本当に救いの一筋の光であった。そしてこの美しい文体の津波は、私の後人生の執筆活動に計り知れないほど大きな影響を与えたのである。

しかし私の両親は、人文科学系に関してはまるでど素人で、カルチャー全般に対して全く無理解で無教養であったため、私が中・高校生時代を通じて、村上氏に限らず様々な小説や評論本を読むことに対して、露骨に嫌な顔をした。しかしなぜか、ある日突然私の本棚にある蔵書をすべてゴミの日に出す、という暴挙には出なかった。

多分、現代小説や評論本の読解は国語の成績に資する（だろう）、という勝手な解釈があったためであろう。実際に、私の国語の成績は中・高校時代を通じて、極めて良かった。しかし、もしここである日突然、村上氏の著作を含む蔵書が両親によって焼却でもされていたら、流石《さすが》の私も、自存自衛を全うするために両親に対してどんな物理的報復に出ていたか、分かったものではない。その点では、私の蔵書に関して両親が最低限自制的であったのは、お互いにとって良い結果であった。

だが、無教養な父親は、例えば当時太田出版から出ていた『パラノ・エヴァンゲリオン』『スキゾ・エヴァンゲリオン』などを読み耽ったり、一九九八年にテレビ東京系で放送が開始された世界的に名高い、不朽のＳＦスペースオペラアニメ『カウボーイビバップ』(渡辺信一郎監督)などを熱心に視聴する私に、「そんなものは馬鹿とヤクザの観るものだ!」と表題の意味すら、作品内容の何たるかも一切理解できないのに面罵してきたことがある。

第一章で記したように、父は自分の理解できない世界や一等下であると決めつけた人間や事柄を徹底的に侮蔑し、「ヤクザ」「馬鹿」などという呼称を使って内弁慶的に罵る悪癖があった。当時高校生になっていた私は、また愚かな地方公務員が何か言っているなあ、と思うだけでこれを黙殺した。

一方母は、私が読んでいたキェルケゴールの『死に至る病』を、がんか何かを記述した医学書の類いと誤解して私に詰め寄り、こんな本を読む暇なんて無い、勉強しろ! などと言いつのったり、私が最低限度の教養のため、「一応これは読んでおかなくてはならない」として中学の図書館から借りてきた旧約聖書と新約聖書を「邪宗門の読むものだ!(母は本当にこう言った)」と罵倒して、その代わりにA教団から配布された、日蓮が反鎌倉運動をしたので弾圧され、伊豆に配流された時(これは歴史的事実である。一二六一〈弘長元〉年の日蓮伊豆配流)に、目付として派遣された鎌倉幕府の役人が「海の上で全身から光を放つ日蓮を目撃し、法華の真の教えに改心する」というストーリーの、歴史的には全くでっちあげの漫画冊子を私に勧めてきたのである。

父の罵倒、母のネグレクト

一九九八年四月、私が（自分なりに）苦労して中堅進学高校に入ると、両親による教育虐待は一時的にだが軽減したことはすでに述べた。そしてそれは、慈悲や私に対して行った中学時代の虐待に対する反省から――、などでは全くなく、単に私に対して、同校の「上位五％」に入り、その結果として「北大に行く」という希望が現出したことへの手前勝手な期待からに他ならなかった。

しかし、時すでに遅く私は両親からの虐待の末に半ば逃げ込んだカルチャーという名の精神世界の素晴らしさに魅了されていて、高校時代に全く受験勉強というモノへの気力を無くしていた。その「上位五％に入って北大進学」という、両親による机上の空論は、高校一年生の初めての定期テストで一学年四〇〇人中三八六位という、ほとんどびりケツの結果を残した。さらに二回目の定期テストでも四〇〇人中三八九位という惨憺《さんたん》たる結果で、また、特に数学と理科と英語の三教科は赤点（追試）という惨めな成績により、図らずも完全に瓦解することになった（ただし、社会と国語については最高評価であった）。

これによりまるで国連決議によるお墨つきでも貰《もら》ったかの如く、両親による教育虐待が、一九九八年の夏過ぎには早くも、当然のように無慈悲に再開された。そして高校時代における教育虐待は、中学時代のそれよりも徹頭徹尾強化された地獄であった。父親は前にも増して私を「ゴミ、クズ、低能」と罵り、決まって深夜になるとまたぞろ私を自室に呼んで、お得意の「お前にかけたカネを返せ！」と迫るのである。

しかもこれが、ランダムに、不意を突いたように行われるから、たまったものではない。要するにこのランダムに行われる「カネ返せ！」の大合唱は何のことはない、父にとっても単に虫の居所の悪い時に発生する、サンドバッグとして私を選んだ鬱憤晴らしの結果によるものだったからである。

そして母親は、中学時代とは違って、私に対して陰湿なネグレクトを始めた。つまり無視である。この無視とはどういうものであるかというと、「勉強をしないお前は救いようが無い」「匙《さじ》を投げた」などと言い放って、私との一切の会話を断絶する。

どの程度会話を断絶するかというと、本当に一言も私と会話せず、必要最低限度の伝達事項は、箇条書きを記した紙きれを私の部屋のドアの下の隙間から入れて伝える。驚くべきことにこれが、「コンドラチェフの周期」のように、一年のうち、二〜三か月という周期で繰り返される。その間、母はA教団の集まりで私がいかに愚かな息子であるかということを嘆き、周辺の信徒から「まあまあ。そんなに怒ることないじゃないの」と諭されると、刹那的に改心したのか、翌日から人が変わったように「あなたに対してつらく当たってごめんなさい、あなたが生きているだけでお母さん幸せだわ!」と一八〇度姿勢を転換する。

そしてまた二か月くらい経つと、「匙を投げた」などと言い放って陰湿なネグレクトがまた何か月も続く。これを延々と繰り返す。この振幅の大きさが異常行動そのものだ。

特に一九九九年、私が高校二年の時には、「太陽の黒点現象の異常か?」と思うほどその期間は長く続き、母は約七か月間、私と一切の会話を拒否して、狭いマンションの中で私の存在自体が透明人間の如く存在しないように振る舞い、無視し続けた。

正直いって、これが私の精神にとって最も過酷な虐待であった。単に罵詈雑言を浴びせられるだけのほうがまだマシである。存在すら認めないというネグレクトは、相手（私）を疲弊させ、その精神を追い詰めていく。

これを全く異常な仕打ちと認識していないところが異常者たるゆえんである。私の母は、あろうことかネグレクトの長期・短期を問わず、男子である私の思春期にとって、最も恥ずかしい行為を平然と行った。

具体的には私の部屋のゴミ箱を全部子細に点検して自慰行為の痕跡を調べ、自慰によって固まったティッシュの塊を全部選別して、高校から帰ってきた私の部屋の勉強机に、これ見よがしに「奇麗に」並べて陳列するという奇行に及んだ。そしてこの時だけ、「ち○ち○、掻《か》いてばかりいないで！　そんな場合じゃない！　勉強しろ！」などと、わざと早朝、父親のいる目の前で言葉を発するのである。そう、私が恥をかく表情を見て愉《たの》しんでいるのである。

思春期の男子ならば、当然蒐《しゅう》集《しゅう》しているのが自然な所謂「エロ本・エロ雑誌」（当時はまだまだインターネットの黎明期《れいめいき》で、エロ情報の主力は依然として紙媒体であった）の最もいやらしい修正箇所を、これまた私が登校中に全部ベッドの下や勉強机の隙間などから探し出し、これ見よがしに勉強机の上に広げて陳列する。

私は現在でもそうだが、外国人（人種は問わない）の巨乳モノが好きで、当時「BACHELOR」という洋物巨乳雑誌（現在も刊行中）の愛好者であった。その「BACHELOR」の最もいやらしいページが、学校から帰ってくると勉強机の上に「どや」とばかりに開陳されているのである。頭がおかしくなる。

ここまでくると、これは単なる虐待というよりは性的虐待である。思春期の男子にとってこれ以上の恥辱は無い。私はこのころになると、いつ母と刺し違えてもよい、と思うようになった。が、こんなクズのために家庭裁判所送りになるのは人生の損だ、と何度も何度も考え直して母の殺害をすんでのところで踏みとどまった。

しかし踏みとどまった代償は、私の精神に強度のストレスとして蓄積されていく。当時の私は、そのメカニズムを知らなかった。母による虐待に何百回も耐えたが、そのたびに私の精神は金属疲労のように、不可逆的に摩耗していったのである。

冷水シャワー、ゴミ入り弁当、個室ドア撤去……

母による私の高校時代のネグレクト期間中に行われた蛮行はこればかりでは無い。思春期の男子高校生は当然の如くホルモン分泌が盛んで、毎日シャワーを使わないとすぐ頭皮から悪臭がする。

そのために、私は毎日のシャワーを欠かさなかったのだが、母は私にシャワーを浴びさせまいと、嫌がらせでガスの元栓を閉めて温水を遮断して、冷水にした。こういうことを本当に毎日のようにやった。

当然、ガスの元栓を自らの手で元に戻せば温水は復活する。しかし母は、私が髪を洗って全身がシャンプーだらけになっている「ちょうどいい」頃合いを見計らって、元栓を閉める。そうすると、泡だらけの私は、ガス復旧のため、廊下にある集中操作盤に行くことができない。

なおかつ、真冬となると、亜寒帯の北海道のことゆえ、いかに防寒性に配慮して設計されている札幌市内のマンションといえど、廊下に出た瞬間に気温五度以下の冷蔵庫並みの冷気が襲い、体の芯まで底冷えがする。私は母に温水を遮断されるたびに、水になったシャワーで仕方無く体と髪を洗った。たまりかねて、一度、全身泡だらけのまま母のいるリビングに直行して、「お前を殺してやる！　今すぐにガスを復活しろ！」と詰め寄ったことがある。母はゲラゲラ笑いながら、「日蓮さまの仏罰が当たったんだ！」と楽しそうに答えた。本当の話である。

そして母は、わざわざ私の入浴中にガスの元栓を閉めるのを、しまいには「家計費の節約のため。お前が毎日シャワーを浴びるおかげでガス代が高いから。お前が北大に行かないなら、ガス代を払う投資が無駄だから」と父親と全く同じ理屈でふんぞり返って正当化した。結局この行為は、私が二〇〇一年三月に高校を卒業して実家を出るまで続く肉体的虐待の最たるものであった。

さらに書くときりがないが、母は私の高校時代、弁当の中に、白米とおかずの代わりにゴミを入れた。これに関しては一度きりの嫌がらせだったが、弁当箱を開いた途端、他の生徒に見られやしまいかと肝を冷やした。弁当箱を手に持った瞬間、やけに軽いので嫌な予感がし、完全に弁当のふたを開け切らない段階でそれが母の嫌がらせであると察知したので他の生徒には見られなかったが、本当に恥ずかしく、また情けなく、内心悔しさで泣きたい気持ちだった。

最も異常だったのは、一九九九年の夏、高校二年の時であった。私が高校から帰宅すると、あるはずの私の部屋のドアが蝶番から外されていた。母が私の外出中を狙って、即席DIYよろしくドライバーで蝶番のネジを抜き取り、ドア自体を撤去したのだ。

理由は「お前が勉強しないから、こうして二四時間監視してやるんだ」というもの。ドアの代わりには、布切れが一枚ぶら下げられており、「これがあればお前には十分だ。個室を与えてやっているだけでありがたいと思え」と言う。やがて夜に帰宅した父は、母のこのあまりにも行き過ぎた異常行為を叱責するどころか、「これは良い考えだぞ！　これでお前も心を入れ替えて勉強するだろう！」などと母の蛮行に破顔でお墨つきを与えたのである。

結局この、私の部屋からドアを除去してリビングから監視する、という異常行為は約三か月にわたって続いた。ドアが元に戻されたのは、母が例のA教団の集会（地域会合）に行って、またぞろ周囲の信徒からの「息子さんにそこまでしなくてもいいんじゃないの？」などという仏教的寛大さ（？）に刹那改心して「本当にごめんなさい、あなたに酷いことをした」などと平謝りをして、つかの間の「間氷期」が出現したその時である。

だが、例によってこの間氷期は最大で二か月と続かず、私の存在を「ち○ち○掻いてばかりいないで勉強しろ！」と発声する以外は一切無視するという陰湿で常軌を逸したネグレクトが再燃するのだ。これが、世紀をまたいだ二〇〇一年の三月末まで、私が両親から受けた教育虐待の実相である。

我がカルチャー資金捻出法

ここまで読んで、私の両親の異常性に気分が悪くなってきた読者がいたら申し訳ない。だがこれらはすべて、「教育」や「お前の将来のため」という名目の下で、両親が私を精神的・肉体的に虐待した事実を、現在でも細部に至るまで克明に残る私の記憶を基に描写したものである。誇張は一切無い。

しかし、ここまでされて、両親に物理的な反撃、暴力などをよく行わなかったなあ、と思うだろう。実際には、私は父に対して二回、母に対しては三十数回、やむにやまれぬ自存自衛のために、手と足を使った自衛のための最小限度の物理的反撃を行っている。それでも、やったのだ。それでも、父と母は私に虐待をし続けたのだ。

そして私は、私の精神の最後のよりどころとしていたカルチャーへの傾倒のために必要な資金を、両親を騙すことによって捻出していた。カルチャーへの傾倒のために必要な資金とは、主たるものが書籍の購入代金である。どうやって捻出したのかというと、両親の財布から札を盗むという古典的方法ではなく(まあ、それも何回かやったが)、学校から保護者に配布される教材費、特に美術教材費や副教材費の請求書の水増しや捏造《ねつぞう》である。

つまり、学校から保護者に美術教材費「1000」円の請求があると、その金額を「3000」円とかに書き直して両親に渡すのだ。息子が無言で渡してきた学校からの教材費の請求が、水増しされたものであることを確認するためには、学校に直接問い合わせるか、あるいは他の同級生の親に真贋《しんがん》を確認するしかないが、流石にそこまで疑う親はいない。

私はこの行為を中学生の時から繰り返して小銭をせしめては、ほとんど全額をカルチャーへの傾倒のために必要な資金に充当した。というのも、中学一年の冬、親族から貰ったお年玉をかき集めてプリンター機能がついたワードプロセッサを近所の電気店の安売りで購入したからである。確か当時、値段は税込三万円ジャストくらいだった。

教材費「1200」円のところ、接頭の「1」を「2」や「3」、場合によっては「4」

に糊《のり》付けして張り替えて文書を捏造し、近所のコンビニで一〇円でコピーして数字部分の結合箇所、つまり張り紙を違和感無く、真正の請求書類のように複製することはたやすいことであった。

はたまた、請求額の水増しではなく、根本から請求書そのものをでっちあげて、一から事務的文書を構成しワードプロセッサで印刷して、丸々数千円をネコババしたことも数えきれない。このワードプロセッサのおかげで、私は事務的文書以外の、様々な文章を思い通り書いた。今にして思えばこの作業こそが、私に文章を創作する熱意と基本的技術を与えてくれたのかもしれない。

この行為は、厳密にいわなくても文書偽造であるが、しかし当時の私の追い詰められた精神の中で、唯一のガス抜きはこれしかなかった。だから私は、他のどんな中学生よりも、他のどんな高校生よりも可処分所得が多く、それらの資金で古書店に行って本や雑誌を買い(例えばわずか一〇〇〇円の水増しで、一〇〇円の中古新書を一〇冊買うことができた。そういう良心的な値付けの古書店が近所にあった。現在は廃業している)、ひたすら読み漁《あさ》った。そして「学校」という公権力にだけは信頼を置いていた両親は、私のこの文書捏造や金額水増しを、ついぞ中学・高校の約六年間、いささかも察知することはできなかったのである。

そしてこの「不正行為」に存分に活躍してくれた（今にして思えばずいぶん大型の）プリンター機能つきワードプロセッサは、現在では電源を入れても全く起動させることができず、単なる廃家電になっているが、「青春時代の抵抗の象徴」として、今でも自宅倉庫に大切に保管してある。

第四章　生き地獄——パニック障害発症

高一の冬、発症

このような、「教育」と名を冠した虐待によって、私の精神は鰹節《かつおぶし》が削られるかの如く徐々にすり減っていった。それによって精神にどのような変調をきたすのか、全く想像ができなかったし、そしてその最終的結果は、私の想像もできえない形での悪夢となってある日突然、襲い掛かったのである。

私がパニック障害を発症したのは、忘れもしない約二〇年前、高校一年生の末期、すなわち一九九八年の一二月であった。この年は、前述した教育虐待が、私の両親の手によって行われていた最中であった。

北海道の冬は早く厳しい。一一月には初雪が観測され、翌年の五月初旬まで山脈には冠雪が残る。必然、全校集会や各種催し事は、厳冬の期間、必ず体育館で行われるのだ。

私を襲った突然の異変は、この、冬の高校の体育館の真ん中に立っていた時に起こった。不意に襲う平衡感覚の麻痺、窒息感とそれに伴う過呼吸、発汗、動悸、根拠の無い無限大の恐怖感。到底直立していることができず、地獄に近い数分間をじっと耐え抜いたのを今でも覚えている。正直この感覚は、二〇年を経た現在でもイメージするだけで恐怖感がある。

これが私のパニック障害発症の瞬間であった。予告や警告、そして何の予兆も無しに行われる奇襲攻撃である。パニック障害をネットで調べると、全く私の経験した症状と同じような文言が並んでいるが、到底文章でいい表すことができない壮絶な発作である。

だから、この発作の状態を最も的確に描写した長編小説、筒井康隆氏の『パプリカ』から、発作時の状態を引用することにしよう。これこそが、この病気を知らない健常者にとって最も的確にパニック障害と、そしてその発作の何たるかを知らせるに良い「教材」と思うからだ。

発汗し、動悸が早まった。不安神経症に過ぎないのだ、時間が経てば治まるのだとけんめいに自分を宥め、説得し、納得させようとしたが効果はなく、何よりも死ぬほどの苦痛が現実にあり、理屈を吹き飛ばした。心臓に自信があるわけでもない。脳溢血の可能性だってある。このハイヤーの中で死ぬのかもしれないという思いで、能勢は激しい恐怖に襲われた。窓外の飽きあきするほど見慣れた帰路の景色、都会のビルの照明が、最期に見るものとして急になんともいえず懐かしい、かけがえのないものに思え、一方ではそれらが自分の死後も平然と存在し続けるであろうことに腹が立った。死の理不盡さと不条理をひしひしと感じる中、呼吸困難になり、能勢はうろたえた。たいへんだ。呼吸ができない。パプリカのマンションへ行くには遠すぎた。自宅が目前だった。

「気分が、悪いん、だ、が、ね」せいいっぱいの声で、能勢は運転手に告げた。「君、家に着いたら、うちの、者を、呼んでくれ」

この筒井氏による長編小説『パプリカ』は、患者の夢の中に入って精神治療を行う女性「パプリカ」を主人公としたSF小説であり、文中の「能勢《のせ》」はパニック障害をも含む「不安神経症」「不安障害」を患っている。

この作品は二〇〇六年にアニメ監督の今敏《こんさとし》氏によってアニメ映画化され、国際的に極めて高い評価を得、数々の賞を受賞した。パニック障害の発作を知らない人に最も的確に伝えるには、右記の描写が最適であろう。まさに筒井康隆氏の描写力の凄《すさ》まじさである。

生き地獄

話を私のパニック障害発症の一九九八年一二月に戻すことにしよう。私の発作は、この体育館での出来事を切っ掛けに、以後頻繁に起こるようになった。それは、「広く逃げ場の無い場所」「衆目から監視されている場所」および「静寂が支配する緊張した空間」という三点のうち、どれか一つの条件があるとただちに発動した。

それは急激に悪化し、翌一九九九年になると「広く逃げ場の無い場所」の定義が狭まり、「教室くらいの広さの場所」でも発作の対象となった。これは何を意味するのかというと、「学校で授業が受けられない」ということを示す。

高校一年生の私は、キェルケゴールを中学生時代に読む程度の基礎教養を持っていたので、これが内臓疾患ではなく精神疾患であることは分かった。内臓疾患ならその発作は場所を選ばないはずだが、私の急激な死への恐怖は、特定の空間に身を置くことで起こる。この規則性から、この発作は精神疾患であると自ら確信した。ただ当時、パニック障害という言葉は知らなかった。図書館の本で独学すると、「不安神経症」とか「不安障害」であるに間違いないという判断に至った。

さて次の段階はどうするか。もう一刻の猶予も無い。学校での授業中には、ほぼ必ず発作が起こり、それと悟られないようにひたすら恐怖に耐えた。地獄の五〇分である。

硬いはずのリノリウムの床の感覚が絹豆腐のように砕け散る。正方形の教室の床に足をつけて確かに椅子に座っているはずなのに、もう瞬間的に、本当にあっという間に全身の感覚が麻痺し、座っているという自覚も全部吹き飛んで、呼吸が荒くなり窒息しそうになる。心臓が蒸気機関のように唸《うな》り声をあげて爆発している。教師の声など一切耳に入らない。

狭いはずの教室の中にいながら、まるで平行な床が無限に続く真っ平らで巨大な、天井の無い平面に放り出されたかのように平衡機能を喪失し、そのぐるぐる回る地面と呼吸困難に私は耐えて耐えて、耐えて、耐えなければならなかった。この発作の地獄は、現在でも時折夢に出てくる。いくら現金を積み上げられても二度と同じ恐怖の体験は御免である。これは、患者当人にしか分からない凄絶な発作なのである。

「広く逃げ場の無い場所」でいえば、私がこの病気を発症した最初の場所、すなわち体育館が最も禁忌となった。体育館に入った瞬間に発作が起こる。よって必然的に、体育館を使う体育授業は受けることができない。

最初は事実を話さず保健室で「頭痛」「腹痛」などといって休ませてもらっていた。最も難敵だったのは、体育館で行われる全校集会で、私は学校の大便室の中に鍵をかけて閉じこもり、クラスメートががやがやと教室に戻ってくる隙を見て何食わぬ顔で合流する、という姑息戦法を採った。

しかしこれが通用したのも、ほんの一か月か二か月くらい。当時の担任から、

「なぜお前は全校集会の時にいつもトイレでうんこをしているんだ!?」

と呼び出された。正直に告白するしかなかった。いや、正確には、その場では「……すみません、以後無いように誓います、すみません」と謝って、その日の夜、担任の家に家から電話をして直接病気を告白した。

この時、私は両親に電話の内容を聞かれるのを警戒して、電話線をピーンと伸ばして、厳冬の北海道の外気に晒されるベランダに出て、寒さでガタガタ震えながら担任に電話を

した。北大進学のためなら実の息子への虐待をあらゆる理由をつけて正当化し、それが叶《かな》わないと見るや「カネを返せ」とか、自慰の処理をしたティッシュを集めて机に並べる、などというもはや対話すら叶わない、常軌を逸した言動を取る両親には、直感的に私の動物的本能が、「この病気は両親には絶対に理解されない」「両親を通じていくら学校に訴えても無意味」と警告していた。そしてその直感は当たり、その後、事態は図らずも予想通りに展開することになる。

担任からは「とりあえず明日学校で詳細を聞く」と言われた。結果的に、私の全校集会欠席は、かろうじて認められた。学校保健医にもすべてを洗いざらい話して協力してもらった。名前は忘れたが、この時の学校保健医には、今でも感謝している。今考えれば、この保健医（女性二人）だけが、私の唯一の味方といってよかった。

兎に角一旦パニック障害を発症した私にとって、一番厄介だったのは、「教室くらいの広さの場所」でも発作が頻出する点だが、私はこれを自力で改善する抜け道を何とか見つけ出した。

教室の最後尾の角の位置、つまり一番後ろの「衆目から監視されて〝いない〟場所」ならば、発作が起こらないことを発見したのである。だから席替えのたびに、私はなんやかやと理由をつけて最後尾の角の座席を確保するために狂奔した。時には、最後尾角の席を確保したクラスメートに金銭（三〇〇〇円とか五〇〇〇円）でその権利を譲ってもらう、というトリプルAの荒業もやった。

むろん、この高校生には大金となる三〇〇〇円とか五〇〇〇円のカネは、先に述べた通り私のプリンターつきワードプロセッサによる錬金術から生み出されたものだ。地獄の沙汰も金次第とはまさにこのことをいうのかもしれない。

こうやって「安全な定位置」を確保することを、他のクラスメートには「内緒」で担任が渋々承諾するまでに実に三～四か月ぐらいかかった。体育の授業は単位取得上、流石に休み続けられないので、クラスメートには「腸の病気」と嘘を言って、体育館の入り口の隅っこの、ギリギリ発作が起きない地点での見学が許可（見学による単位認定）された。これも同様に、三～四か月かかった。

定年間際の体育教師にはパニック障害とは何なのか、それが精神的疾病なのか肉体的疾病なのかすら、最後まで識別できていないようだったが、優しい世界観の持ち主だったので私の申し出を最終的には承諾してくれた。

あとで知ったことだが、この教師は四〇代の時に大病を患って生死の縁をさまよったという。病む者の気持ちを、疾病の質は違うとはいえ理解していたのかもしれない。私の母とは正反対の許容度の高い教師だった。

何事にも頑強な意志を基にした徹底抗戦と交渉が必要であると、この時の体験がのちの私の強力な人生訓になった。だが、この間《かん》のことは正直、今でも思い出したくない。本当に思い出したくない。こうして克明に当時のことを書いているが、二〇年以上経った現時点ですら少し辛《つら》いのが正直なところ。文字通り生き地獄だった。二度と思い出したくはない漆黒の生き地獄であった。

保険証まで隠されて

さてここまで読んだ読者は「治療はどうしていたのか?」という素朴な疑問を持つであろう。当然だ。私は一九九八年の一二月に、厳然たるパニック障害を発症していたにもかかわらず、結論からいって「具体的な治療は何一つ」できなかったのだ。いや、正確には

「具体的な治療の一切を受けさせてもらえなかった」のである。

一九九八年冬の急性発症から陰鬱な正月を経て一九九九年の春にかけて、私のパニック障害の症状は最も重篤になった。「授業を受けることがほとんど困難」「体育館に入ることが不可能」「よって卒業に要する単位もどうなるか分からない」とあっては、もはや受験勉強どころではない。

この事実を、私はやむなく、理解されることが不可能と薄々予感しつつも、一九九九年の早い段階で両親に告白した。私の希望は次の二つ。

一、このような症状であるから、現在の高校はやむなく退学し、フリースクールなどに転校したい。

二、精神科に行きたいから保険証を貸してくれ。

ところが、この二つの要求は、両親によって全部拒否された。特に父親はこの時点においてなお、私が「中堅進学校の成績上位五％に入り北大に進学する」という到底実現しえない進路への幻想を持ち続けていたので、現在通学している高校の退学など、彼の卑小で差別的な世界観には全く存在しえないことなのであった。

だから予想通り、父は「退学、転校などは一切認められない。お前の言う〝病気〟というのは気のせいだ」の一点張りで、何ら交渉の余地は無かったのである。

そして驚くべきことに二点目の、「精神科に行きたいから保険証を貸してくれ」という、かろうじて受け入れられそうな要求もまた完全に拒絶されたのだった。当時、私の父ははっきりこう言ったのである。

「仮にお前の言う〝症状〟があったとしてだ。精神科というのは○○○○病院である。そんなところに息子のお前が行くとなると、古谷家の家名に傷がつくではないか。だから保険証の使用は一切認めない。保険証の貸与も一切認めない。病院に行くことも、学校を転校することも一切認めない。お前は北海道大学に行く。お前に教育費という莫大《ばくだい》なカネをかけてきた投資を回収するためだ。お前が北大に行かなければ、なぜ我々が必死にお前を育ててきたのか。意味が無くなる。その〝症状〟というのは気のせいだから寝れば治るだろう」

という、驚くべき偏見と差別に満ちた放言で、私の一番と二番の要求はことごとく拒否されたのだ。そしてこれについては母も二重にも三重にも増して父と同見解を採用したのである。そうして私の母は「日蓮さまに平癒のお願いをしておくから、その症状はすぐに治る」などと断言して、それきりこの話はおしまい。完全に打ち切りであった。

これこそ教育虐待以外の何物でもない酷い仕打ちであり、はっきりいってこれはれっきとした犯罪である。具体的には刑法第二一八条「保護責任者遺棄罪」にあたる。保護責任者遺棄罪とは、保護を必要とする人間を助けなかった罪で、要するに保護責任のある者が助けを必要とする相手を何もせずに放置した場合の罪である。この点において、両親は完全に犯罪人である。

未成年者で、親の保険証が無ければ病院に行くことができない私は、ただ両親への の募る敵愾心《てきがいしん》と憎悪を胸に秘めて何とかやり過ごす選択肢しか無かったのである。パニック障害への偏見と無理解は、他人だけから受けるものではない。本来「最大の庇護者《ひごしゃ》」であるはずの両親からも、起こりうるのである。

それでも、高校時代の私は精神科に行くことを諦めなかった。自己保有のワープロで学校教材費を水増ししてでも本代を捻出するほど、根が行動派だった私は、この程度の説得が不発に終わったことのみでは、どうしたって治療への道を諦め切れなかったのである。

しかし一九九九年の春、両親、特に父の世界観に追従して私に苛烈な虐待を行っていた母は、私が保険証を無断で使うことを警戒して、保険証を家のどこかに隠し、絶対に使えないように工作をした。信じられないだろうが本当の話である。

母は自分は国からの難病指定により無料で十分な治療を受けているのに、さらには精神安定剤を処方された経験があるにもかかわらず、子供の精神疾患は無治療に処す、という矛盾極まりない態度を取りながら、それを一切矛盾だとは思わなかったのである。

それほど精神科受診へのとんでもない差別と偏見に、両親は心を蝕まれていたのである。蝕まれていたというよりも、第一章で書いた通り、私の両親は異様なほど差別的にできているのである。だから、彼らが最も蔑視する「精神科への通院・治療」を許可することなど、彼らの世界観の中では天地がひっくり返っても到底ありえない選択肢であった。

よって私は、タウンページで調べた、家から徒歩一五分のところにある精神科に飛び込みで入った。当然、保険証を持たない無保険状態である。温厚な医師から、その時初めて正式に、「君の病名はパニック障害である」と告知された。

そして両親の偏見により保険証の使用ができない旨を話すと、「薬代だけで良い」と言って、無料で診察してくれた。もう名前も忘れてしまったが、私が人生で初めてかかった精神科医師の優しさは、今でも忘れていない。この場を借りて御礼申し上げたい。

しかし、私がその時薬局で処方されたのは所謂「頓服薬《とんぷく》」で、パニック障害の根本的治療にはほど遠かった。ほど遠いというよりも、ほとんど何の効果も無かった。しかしながら姑息に、私のパニック障害の発作頻度は軽減されていった。

それは前述したように、担任や体育教師、学校保健医との粘り強い交渉の結果、「教室内で最後尾の角の席を確保すること」「体育の授業は見学によって出席認定すること」「全校集会は保健室で待機すること」の三点を、私が断固たる意志で認めさせたからである。

これにより何とか私は、高校に継続して通うことができるようになった。これだけは物理的な救いだった。本当は中退してフリースクールに進みたかったのだが（当時札幌市内には、進学実績で決して普通科全日制に引けを取らない、魅力的で有名なフリースクールが一校あったからだ）。

私大コース転向へ

私のパニック障害の発作要件を先に三つ挙げた。「広く逃げ場の無い場所」「衆目から監視されている場所」および「静寂が支配する緊張した空間」。これら三つの発作要件がすべて当てはまる恐怖の場所とは、センター試験会場である。

テレビでセンター試験会場の様子が映るたびに、私は身の毛もよだつような思いをした。大教室に座席が整然と並べられ、受験生が答案用紙にカリカリと鉛筆を走らせている。そんな会場に行けば、私は瞬間卒倒するであろう。だから、私はセンター試験受験という選択肢を、一九九九年の初春、つまり高校一年生の終わりの段階ですでに放棄していた。

ところが父も母も、「センター試験受験を前提とした国立大学への進学」を既定路線として押しつけてくる。その国立大学とは、何度も述べるように北海道大学である。しかし、流石に北大コンプレックスに凝り固まった父親も、私の高校一年生第一期の惨憺たる成績を見て、その選択肢を北大だけに限らず、小樽《おたる》商科大学や北海道教育大学にまで広げる、という「彼にしてみれば」寛大な姿勢にやや軟化していた。

ここで当時の基本的な事実を提示すると、北大の偏差値が概ねどの学部でも七〇を超えているのに対し、小樽商科大学は五八～六二、北海道教育大学は五六～六〇前後、というものであった。つまり北海道内において、北大の次点に位置すると目された国立大学が、小樽商科大学と北海道教育大学なのであった。ただしこれは予備校の目安偏差値であり、センター試験の実際では、両校のボーダーラインは、ほぼ七〇～七五％程度である。つまり八〇〇点満点で最低五六〇～六〇〇点は取らないと、二次試験がいくら良くても合格はおぼつかない。

しかしながら、そもそもセンター試験会場に行くことが到底不可能な状態にあった私は、これら北大の次点に位置する国立大学の偏差値がいかなるものであったとしても、受験すら不可能な精神状況に追い込まれていたのである。この根本的事実を、父も母も、絶対に受け入れようとはしなかった。

結果として、私の成績がどうであろうと、そもそも「センター試験会場そのものに入れない」のだから、国公立大学への進学はまず、不可能であると思わなければならない。

だから一九九九年四月に高校二年に進級した私は、迷わず「私立大学コース」へと転向した。私は私立大学に行きたかったのではなく、センター試験が受けられないからやむをえず、私大受験コースに移ったにすぎない。

しかし「私大受験」といっても、その受験環境がセンター試験会場と同等であれば無意味である。だから私は、「広く逃げ場の無い場所」「衆目から監視されている場所」および「静寂が支配する緊張した空間」とは恐らく無縁であろう、少人数受験者による選抜、つまり推薦入試一本に絞ることにした。

書けば長くなるが、まとめると、この「私立大学コース」への転向に当然のことながら、父と母は猛烈に抵抗した。特に学歴コンプレックスゆえに歪んだ精神を持つに至った父親は、北大はおろか、彼なりに「最大限、譲歩し、寛大なる精神でもって妥協した結果」、渋々進学を容認する方針となった、小樽商科大学にも北海道教育大学にも「行かない」となると、「お前を育てている意味がない！　国立大学に行かないお前は育てるに値しない！」と面罵した。

そんな、ヒトラーの「自然状態においてユダヤ人は生きるに値しない民族である」というクレイジーな世界観にも似た、失望とも唾棄とも取れる呪詛と、「お前は何でそんなにクズで馬鹿なんだ！」という罵詈雑言を、あらゆる方向から機関銃のように臭い唾を飛ばして浴びせてきた。これは第一章で述べた、私が日大付属高校への進学を具申した中学二年生以来、最大のキレ方であった。

この間、パニック障害の発作とその現実的対処法を自力で学校側と交渉して、何とか瀬戸際の段階で私が生存・通学しているという最悪の状況は、父と母にとっては「存在しないこと」として扱われて（事実、彼らは、私の悪戦苦闘の学校側との交渉の事実など全く知らなかったのであるが）、私の心底からの嘆願にも似たコース転向への判断材料には一切含まれていない。

父にとっては息子の精神障害発症は「あってはならないこと」という、旧共産国によくあった「共産国には貧困や犯罪は存在しない」というユートピア願望で打ち消され、母にとっては「日蓮への平癒祈禱《きとう》ですでに治癒したもの」、終わった話として処理されていた。だから一九九九年四月における私の私大コースへの転向は、実際には私がパニック障害の最悪期にあることとは、完全に切り離されて考えられた。

というか、完全に切り離さないと、現実的に物事が先に進んでいかないのである。私は、国立大学進学コース、つまりセンター試験受験を前提とした高校生活をあと丸二年間送らなければならないならば、最終手段としては登校を拒否して、非情の暴力に訴えて、両親を打擲《ちょうちゃく》し、家裁送りになってでも良いから高校を自主退学する、という決意で臨んだ。

結果として、仮に私大コースへ進んだとしても、国公立大学への進学の道が全く閉ざされるわけではなく、自分としては果敢に国公立大への受験に挑戦したい、という姑息的宥《ゆう》和《わ》策《さく》の提示によって、父と母は何とか溜飲を下げた。私の私大コースへの転向は、土俵際で渋々容認されたのである。

というのも、私大コース、つまり「国語・社会・英語」の三教科でも、国立大学はダメとして、公立大学ならば、北海道内にも、また全国的にも受験の選択肢の射程に入ってくる。「三教科受験可」の公立大が少ないとはいえ複数存在していたからである。例を挙げれば、釧路公立大学、高崎経済大学（群馬）、下関市立大学（山口）などで（実際これらの公立大学の模試上の合否判定は常にAか、悪くてもBであった）、私はこれらの公立大学群が第一希望であると、両親に外面だけの臭い演技で涙ながらに「上奏」した。

しかしその受験も、結局は一次でセンター試験を受験するという絶対的関門があり、私の精神状態では土台無理な相談であった。しかし、当時の父と母は、太平洋戦争末期の軍部のように「本土決戦で米軍に一泡吹かせれば有利な条件で講和ができる」という、現実を度外視した、絶望的に手前勝手なご都合主義的世界観から一歩も出ようとせず、その私の心からの嘆願が、私のパニック障害の発症と最悪期の状況から出来しているという事実には、最後の最後まで目を背け続けた。よって私は、このような二枚舌政策を平然と行うしか生存の道は無かったのである。

兎にも角にも、私は一九九九年四月、高校二年時で、私大進学コースに転向し、最も苦手とする「数学と理科」から解放された。そして、それと並行して、学校側との粘り強い交渉の末、「教室内での座席は最後尾角の位置を確保すること」「体育授業は見学による単位取得を認めること」「体育館で行われる全校集会や学年集会は、保健室での待機により出席と同等であると認めること」の三点を承認させたのである。

以降、私のパニック障害の発作は、急速に鎮静化して二〇〇〇年四月の高校三年進級に至って一応、かなり安定した状態になった。そして学校側とのこの三点の「協定締結」は、私のパニック障害そのものを認めない両親には秘密にした。これは私自身が、全くの独力でもって学校側と交渉した末に、ようやく勝ち取った果実であった。

立命館大学に合格

一九九〇年代当時、パニック障害はまだその名称そのものが一般に知られていなかった。前掲した筒井氏の『パプリカ』ですらも（初版一九九三年、中央公論社。連載は一九九一〜九三年）、主要な登場人物でパニック障害患者である能勢龍夫の病名は、一貫してパニック障害ではなく「不安障害」とか「不安神経症」と呼称されているのがその証左である。

パニック障害という精神疾患が、その名称自体ようやく徐々に一般大衆に認知され始めるのは、二一世紀に入ってしばらく過ぎてからのことである。

また率直にいって、そういった精神疾患への理解不足は、パニック障害だけにとどまらず、鬱病や双極性障害を含めた精神疾患全般に対してもあり、根強い偏見と無知と差別とともに、社会全般の至る所に、あの当時残っていたことは事実である。

精神疾患は甘えで、怠け者による言い訳――本当にこういうむき出しの差別感情を抱いている人が少なからずいた。

のちに詳述するが、この当時の私の窮状を「楽をしたいだけの詐病ではないか?」と疑っていた高校教員もいたのである。だが、そういった差別や偏見を、私は全く独力で、何の支援も無しに打破し、学校側との「協定締結」にこぎ着けたのである。

この経験と成功体験が後年、私の「民主的自意識を持った沈黙しない意思」を作り上げたことに一役買っていると評価して差し支えは無い。

このようにして私は、私大コースに転向しつつ、うわべでは両親には「公立大学受験(第一選択・下関市立大学あるいは釧路公立大学)」を至上目標として繰り返し主張し、何とか溜飲を下げさせつつ、水面下では全く別のことを着々と準備していた。

前述した通り、センター試験そのものが受験不可能となった以上、私が狙うのは私立大学への推薦入試である。この方法しか活路は無いと私は一九九九年の早い段階で決意していた。こうなれば、持てる戦略資源のすべてを私立大学の推薦入試狙い一本に凝縮するしか、大学進学の道は無いと、私は固く決心していた。

しかしながら、高校一年生の時に一学年四〇〇人中三八六位とか三八九位とかという、留年危険水域に属していた私が、いかにして内申書の絡む推薦入試に挑むというのだろうか。読者の皆さまは疑問に思われるに違いない。

しかし、ここにこそ、私の大学受験システムへの研究成果が発揮されたのである。私大コースに転向して、私の最も苦手とする「数学と理科」を選択しないことにより、内申書の査定からこれらの教科は当然除外される。

あとは、私が苦手とした英語（当時模試偏差値五〇前後）を除けば、日本史、世界史、政治経済、地理、現代文、古典、漢文といった「国・社」科目のあらゆる点で私は学年トップかそれに近い水準を堅守し続けた（模試偏差値は調子の悪い時でも常に六五以上）。結果的に高校二年時に、苦手教科をあえて切り捨てたことにより、私の内申書の内容も高校二年時から急速に好転して、高校三年時には推薦基準にギリギリ到達する内容にまでなった（高校一年時の内申の悪さが三年間の内申平均値を押し下げたので、結果として推薦基準にはギリギリであった）。

学年四〇〇人中三八九位の落第生だった私が、創意工夫により苦心して二年がかりで推薦基準に到達したのは、まず成功の部類といってよい。あとはこの推薦基準に合致し、受験時は少数精鋭で、できれば面接と小論文のみというような、私のパニック障害の発作発動基準に合致してしまわないような（しかしそれも、実際に現地に行ってみなければ分からないので、運次第ではあるものの、センター試験よりは成功の確率はずっと高い）大学の選定である。

二〇〇〇年の秋、私は吟味に吟味を重ねて立命館大学文学部史学科（日本史コース）の推薦受験に応募した。その理由は推薦基準の内申点数をギリギリクリアしたことと、（のちに母校となるこの大学には）大変申し訳ないけれども、早・慶・上智など第一級の私立大学ではない、第二級の私立大学なら、私でも何とかなるだろうという計算からである。

さらに同大の推薦受験は、選考方法が面接と小論文という、私の願った条件にすべて合致する理想的状況であった。そして私は、例の錬金術的なワードプロセッサによるカルチャー分野への教養投資により、すでに高校三年段階で日本史、特に日本近世史における基礎的素養は、最低でも学部ゼミレベルに到達していると自負できるだけの読書量があった。

それもこれも、一冊一〇〇円で買った講談社現代新書や中公新書、さらには公立図書館に通い詰めて借りた、時として修士レベルの準専門書を読み漁ってきたという現実的な裏付けと自信が存在したからである。

事ここに至っても、最低でも公立大学進学を頑《かたく》なに譲らない両親へはどうしたのかというと、この受験はあくまで予備的なもので、公立大の滑り止めにすぎない、と説得し、三万五〇〇〇円の受験料と、京都までの往復交通費や宿泊代などの受験費用を渋々捻出させることに成功した。

このころ、つまり高校三年生になると、私の私大受験優先の姿勢がはっきりと成績表に表れており、父親にはむくむくと別の野望――つまり国公立大学進学の代わりに早稲田や慶應といった一流の私大に「進学させる（そして周囲に自慢する）」という欲望――が、どうも湧き出してきたようなのである。

学歴コンプレックスゆえに北大進学に頑なにこだわりつつも、私立大学の世界においては頂点である早・慶クラスへの進学でも、容認やむなしという父の姿勢の微妙な軟化を私は、いち早く見抜いていた。しかし土台、早・慶クラスを受験するなど、私の偏差値ではとんでもない冒険的行為であり、ここでも父は、過度な学歴コンプレックスゆえに一方的に夢想し続け、私に押しつけたのである。

立命館大学文学部の受験は、ごく小さな教室で行われ、私のパニック障害は発作が起こらないばかりか、（受験生としては）圧倒的な近世史の知識量で面接官を感嘆させるまでに至った。小論文は私が高校までの期間に体得した歴史知識で可能な限り埋め尽くされ、精密な注釈をつける余裕すらあり、予想を超える大成功の手ごたえがあった。

この段階で私は合格を直感した。後日届いた合否通知書は入学手続要項が同封された分厚いもので、受験当日に私が複数の試験官による極めて好意的反応から感じた通り、結果は首尾よく合格であった。運命は決した。あとは二〇〇一年三月にこの忌まわしい加虐の実家（地獄）から抜け出し、京都の私大に進学するだけである。

問題は、推薦入試で合格した立命館大学への進学を、私の両親が許可し、入学金を振り込むか否かである。「北大は無理でも公立大学へ」を根拠無く金科玉条の如く唱えてきた両親は、いざ立命館大学の合格通知書を見せつけられると、これは「良い意味」で動揺を隠さなかった。

幸運なことに、同大は北海道内に付属高校を持ち、その付属高校の偏差値が私の通った中堅公立校よりもはるかに高いものであったから、道内における立命館大学のイメージは実際の偏差値以上に良いものであった。

また実は根が打算的にできている父が、内心息子の学力の限界を感じて、早・慶がダメならMARCH（明治、青山学院、立教、中央、法政）および関関同立（関西、関西学院《かんせい》、同志社、立命館）クラスで目をつぶる……という、誠に手前勝手な考えに軟化していたことがその決定的許可要因であった。

そこには多分、第一章で記述した、父が徹底的に侮蔑していた同僚たる日大出身のA氏への対抗心があったに違いない。

所在地に東西の違いはあれど、偏差値を単純に比較すれば、どの予備校でも立命館大学は日大より数段上位、と出た。我が息子は、あの憎きAには完全に勝った！という、彼の心底から湧き起こる手前勝手な自尊心が、父をして「良い意味」での動揺へと走らせた要因の一部であることは疑いようもないのである。

こうして二〇〇一年の四月、私は晴れて高校を卒業し、全校集会も、体育の授業も選択しなくてもよい、パニック障害患者にはまことに天国たる大学のキャンパスへ旅立つことになる。

……のだが、父はMARCHクラスと同等の立命館に合格した私になおも未練がましく学歴コンプレックスの解消を強要しようとしており、指定口座に七十数万円の入学金・前期授業料などを振り込む数日前、こう私に告げたのである。

「なあ、お前、浪人してでもよいから早稲田か慶應を受験する気は無いか？」

驚くべき言葉であるが本当の話である。父は自分たち夫婦による加虐が要因となって発生したとしか思えない私のパニック障害を黙殺して、手前勝手に私を学歴コンプレックスの穴埋めの道具として、「浪人してもよい」などという、当人の意向など全く考えない悪魔的発想を、この期に及んで私に押しつけようとしてきたのである。

この時ほど、私は父を人間として軽蔑した瞬間は無い。徹頭徹尾、最初から最後まで父が対話していたのは私ではなく、自分の学歴コンプレックスであった。

当然、この悪魔の誘いは即座に断り、また父も私の学力の限界を内心感じていたらしく、結局、立命館で手打ちとなった。父は「教育」という美名のもとならば、子供にどんな進路も人生も強制できると考え、それが絶対に正しいと思うことで、それによって生じた自身の責による子供の精神疾患など、微塵も考慮しないどころか無かったことにして黙殺した。

あまつさえ精神科受診を罵り、保険証も使えないようにし、全く治療もさせないで「難関大に挑戦するために浪人してはどうか」と言い放つこの卑小さは、父に対する根源的憎悪と敵愾心と不信感として、私の心の奥に現在でも何ら色褪《あ》せることなく大きく横たわっているのである。

ちなみに余談だが、現在のセンター試験では、受験生のパニック障害罹患を理由に「別室受験」が許可される場合がある。時代も進歩したものだ。できれば私の高校時代に適用してほしかったのだが……。パニック障害への制度的理解は、二〇世紀末から二〇年を経て、ここまで浸透していることを付記しておく。

さらに断っておくと、本章では受験業界で多用されるＭＡＲＣＨだの関関同立だのという単語を「」無く使用しているが、これは本来私が良しとするところではない。ＭＡＲＣＨだの関関同立だのという単語は、予備校が出した偏差値で同程度の私立大学群をただ括っただけで何の意味も持たないし、公的に使用されている単語でもない。よって私は、自分の文章で受験業界が作ったこの無意味な造語に「所謂」とか「」をつけないでそのまま記述するのが嫌でたまらないのだが、学歴コンプレックスが強すぎて人格がねじ曲がってしまった私の父が、こういった世界観に心底から蝕まれており、これらの表現を便宜的に用いないと話が進まないため、本章ではやむなくこのように記述していることにご留意いただきたい。

大体、「MARCHがどうの」などと言っている時点で、学風や建学経緯の全く異なる大学群を単に偏差値で一緒くたにしているのであって、本当に無意味で無教養な行為である。それでも、そういった大学への子供の進学に何か価値を見出《みいだ》す親がこの世には少なくない。本当に哀れな存在であると思う。

第五章　つかの間の寛解

「大学デビュー」も半年で挫折

「広く逃げ場の無い場所」「衆目から監視されている場所」および「静寂が支配する緊張した空間」が一切存在しない、存在したとしてもそこへの参加は全くの自由意思、という大学生活は、私にとって天国そのものであった。

私の大学生活の第一目標は、勉学などではなく、私に「教育」という美名のもと、手前勝手な価値観を押しつけ、「お前のために言っているんだ」などという、実際には単なるストレス解消やコンプレックスの穴埋めの代償行為にすぎない加虐を、あらゆる理屈をこねくり回して正当化する家庭環境からの完全離別である。

今風にいえばそれは「大学デビュー」であり、結果としてそれは大学入学からわずか半年程度で頓挫してしまった。山本五十六《いそろく》が日米開戦の際、近衛文麿《このえふみまろ》に「初めの半年や一年は暴れまわってやりますが、そのあとは分かりません」と言った故事に等しく、私の大学デビューへの夢想は山本のいう短いほう、つまり半年で砕け散った。

大学入学前に、徹底的に両親から嗜虐され、生き方を強制され、その果てにパニック障害発症という生き地獄に落ち、それに徹底抗戦したとはいえ、その抗戦のため、高校時代に持てるエネルギーのすべてを出し尽くした私は、当然ろくに男女交際も経験してこなかった。いきなり自由の空間たる大学のキャンパスに放り出されて、髪を完全な金色に脱色したとしても、所詮どのように粋がったところで張り子の虎なのであった。

結果、私の一年目の大学生活は、理想とは全くかけ離れた無味乾燥なモノであった。第一、友人がほとんどといってよいほどできなかった。大学の自由空間は、無慈悲な自由放任社会である。付属高校から大学に進級してきた内部進学生は、その蓄積されたコミュニケーション能力を背景に、入学するなりわずか一週間で盤石な友達グループを作り始め、その情報網を利用して効率良く単位を取得することに成功していた。私は完全にそれに乗り遅れたのである。

まず、いきなり制服から私服の世界に放り出されたので、何を着てよいのか分からなかった。とりあえず大阪の心斎橋に行って古着を何着か買ったものの、どう着こなしてよいのか分からない。繰り返すが、私は日本史Bや地理の偏差値において常に七〇を超えていたものの、「服装」とか「交際術」という科目を受験したことが無かった。というか、そんな科目はそもそも存在しないのだった。

三〇歳を過ぎ四〇に近づいている今でこそ「服など好きなものを好きなように着ればよい」と思うだけだが、当時の私にはそんな余裕も発想もなかった。大阪の心斎橋の古着街へは京都から往復運賃が最低でも一二〇〇円くらいかかった。

だんだんと金銭的に苦しくなってくると、京都の住宅街にある安い個人経営の服屋で、もの凄くダサい一着八〇〇円（税別）のTシャツを二〇着ぐらい買った。それをGパンの色違いと組み合わせると単純計算で五〇通りくらいにはなる。ということは約二か月をしのげる。

それをローテーションしていた。当時の私にとってお洒落《しゃれ》とは「毎日Tシャツの色を変える」以外に見当もつかなかった。何を着ればよいのか。何を着てどんな会話をすれば洗練された友人グループに入ることができ、そこから恋だの愛だのに発展するのか。そんなものに解答や法則など無いが、私はずっとその解を求めて「大学カースト」の底辺を右往左往していた。

結局最後まで私は、「お洒落で社交的で布みたいなのを首に巻いている男女のグループ」

に猛烈な憧れを感じつつも、その輪の中に入ることは絶対に不可能であった。これが、赤裸々に開陳する大学一年当時の私の姿である。

そして肝心の大学の講義内容だが、あえて講義を受けなくても私にとっては高校段階で既知の基礎教養ばかりで、それもあってかだんだんと大学に行くこと自体、つまらなく面倒くさいと思うようになった。むろん、これは思い上がりで、高校時代にいくら基礎教養を齧っても、そんなものは到底学問とはいわない。だが、たった半年で大学デビューに挫折した私は、その反動から大学生全体を見下すようになり、勝手に通学意欲を喪失するに至ったのである。

映像系専門学校も中退

時に二〇〇一年九月。アメリカで同時多発テロが起こり、時の小泉純一郎政権は「ショー・ザ・フラッグ」というアメリカの圧力のもと、海上自衛隊をインド洋に派遣する。国論がテロ対策で二分されたが、小泉首相は抵抗勢力とか、構造改革といった単語でメディアをかく乱させ、長期政権への土台を着々と築いていく。

このように世の中が騒然としている最中、私は「テロの年」の翌年、つまり二〇〇二年になると、決然と内に秘めた野望を実現しようと行動に打って出た。私は中学生時代から精神の逃避行動の結果としてカルチャーの世界に魅了されたことはすでに述べたが、その中でも特に私を夢中にさせたのは映画監督スタンリー・キューブリックの世界であった。

すでに私が高校生の時、キューブリックは『アイズ・ワイド・シャット』（一九九九年）の完成直後、ロンドン郊外で心臓発作により逝去していたが、私はキューブリックの無機質で完璧に設計された映像美の虜《とりこ》になり、その作品のすべてを高校時代までに鑑賞していた。『2001年宇宙の旅』は当然として、『シャイニング』『時計じかけのオレンジ』『突撃』『現金に体を張れ』『バリー・リンドン』『スパルタカス』などのキューブリックの代表作は、私の脳裏に映像作品の究極的完成形として焼き付けられたのであった。

一九九九年当時、『アイズ・ワイド・シャット』は生々しい乱交描写があるため（とはいえ、現在の私からするとそれは生々しくもないが）18禁として日本国内で上映されていたが、私は高校の制服を脱いで私服に着替え、何食わぬ顔で例のワードプロセッサによる錬金術で得た一〇〇〇円札を財布に忍ばせて、札幌の繁華街にある映画館に入った（この、私にとって思い出深い映画館は、現在ではコインパーキングになっている）。

一九九〇年代末当時は、映画館に厳密な年齢確認とか完全入替制というものが無い最後の時代で、ポルノだろうが18禁映画だろうが、金さえ出せば高校生でも実質的に観放題だった。

このように、中学生時代から広範にカルチャーの世界に没入した私は、文学もアニメも漫画も捨てがたかったが、自分の進む道は映画製作であると心中密かに思っていたのである。

だから、両親に言う表向きの第一志望は前述したA判定の公立大学群であったが、本音をいえば映画監督の今村昌平氏が作った日本映画学校（現・日本映画大学、神奈川県川崎市）に行きたかった。

また、中学生時代から著書を人生のバイブルとして現在でも尊崇の対象としている作家の村上龍氏の来歴が、武蔵野美術大学中退であり、さらに、東京都福生市でヒッピーをしながら長編小説『限りなく透明に近いブルー』を上梓《じょうし》し、それが芥川賞を受賞して一躍時代の寵児《ちょうじ》となったという事実に、私は中二病的に美大への憧れを強く抱くに至っていた。

しかし、映画や漫画やアニメなどのカルチャー全般に全く無理解で、かのSFアニメの世界史的金字塔である『王立宇宙軍　オネアミスの翼』（山賀博之監督）や『AKIRA』（大友克洋監督）、『攻殻機動隊』（押井守監督）ですらも、「馬鹿とヤクザの観るもの！」と唾棄して憚らない無教養の父親が日本映画学校という専門学校（この学校は特殊で、当時専門学校でありながら三年制を採用していた）への受験はもちろん、学歴コンプレックスの埋め合わせとは全く逆ベクトルの位相に位置する武蔵野美術大学や、当時の私に大きな影響を与えていた庵野《あんの》秀明監督の出身校である大阪芸術大学（庵野氏は中退）、さらに日本大学藝術学部映画学科など、映像関係の学部学科に受験の許可すら出さないことは、あえて直談《じかだん》判《ぱん》してみるまでもなく、火を見るよりも明らかなことだったのである。

花の大学デビューとはいかなかったものの、大学生活で基本的には独り暮らしという自由を手に入れた。だが、高校までの家庭環境からの完全離別をモットーにしていた私はさらに、二〇〇二年の春、両親に「司法書士の資格を取るために専門学校にダブルスクールしたい」と嘘をつき、両親を重ね重ね説得して、一〇〇万円（正確には一一〇万円）を借用して、大阪・堂島にあるビジュアルアーツ専門学校大阪（旧・大阪写真専門学校）の夜間部映像学科に入学した。

ちなみに、専門学校に入るために必要な高校卒業証明書を、帰省を機に母校の中堅進学校に取りに行った。本当は郵送でもよかったが、面倒くさかったので直接行ったのだ。事前に電話で連絡していたので、当時の担任Aが職員室で出迎えてくれた。担任Aは、信じられないことに、

「なあ、古谷。卒業した今なら許すから正直に言えよ。お前の〝病気〟ってあれ嘘だったんだろ？　詐病だったんだろ？　サボりたかっただけなんだろ？」

とニヤニヤしながら私に言い放ったのである。半ば冗談のつもりだったことは分かるが、冗談でも言ってよいことと悪いことがある。当時、私が必死に訴えたパニック障害の最も地獄の時期にあって、結局、この担任Aすらも私の理解者どころか、根底では根強い偏見と無思慮な精神の持ち主なのであった（とはいえ治療の訴えを完全に拒否して保険証すら隠した私の父よりも数千倍マシではあるが）。

私は「いや、今も治ってないんスよね、ほんとなんですよ。ハハハ」と抗弁するのが精いっぱいだったが、この一件があるため、私は母校たる札幌市内の某中堅進学校の名前を

絶対に公表しないことにしている。精神疾患に無理解で無思慮な公務員が一丁前に教員面して存在する高等学校に、私は何の愛着も持ちえない。そして万が一にも、ここの高校のウィキペディアの「卒業生の欄」に自分の名前が載るのが嫌だからである。もし載ったとしたら即刻削除要請を出す。

さて、話をビジュアルアーツ大阪に戻そう。このビジュアルアーツ大阪こそ、のちにカンヌ映画祭などで次々に賞を取ることになる河瀬《かわせ》直美監督の出身校（河瀬監督は二〇〇二年当時、すでに受賞歴があり、映画好きにはその名前が広く知られていた）であったが、私は一〇〇万円の使い道を偽って、従前からの野望を叶えるべく、この映像系専門学校の夜間部の門を叩いたのである。

結論からいえば、このダブルスクール時代（立命館大学文学部には休学届など出さず籍を残したまま）が、私のティーン時代（当時一九歳）の最晩年にあって、最も楽しかった、最高の一年であった。

この専門学校は二年制であったが、私の通った夜間部はとりわけ社会人に門戸を広げた教養講座の性質が濃厚であり、かといって実践的授業も決して軽視せず、最初の一年目で、撮影、編集（ノンリニア）、ライティング（照明技法および露出）、音声、構図、脚本、その他あらゆる映像製作の基礎を徹底的に叩き込まれた。

ここで知り合った学友たちもまた、ひと癖もふた癖もある良い意味で個性派揃いであった。社会人に門戸を広げた夜間部なので、在籍者はたいてい私より年上であったが、関西の難関大学を卒業してマルチ商法をしている者、昼は公務員で暇を持て余している者、薬剤師、文房具販売会社の営業マン、元水商売の女など、その構成は出自において概ね均質な四年制大学の一年生よりはるかに知的刺激に満ちたものであった。

しかし、私はこの専門学校を結局中退することになる。専門学校の二年時であり、二年時の四月から、つまり二〇〇三年の四月から遮二無二卒業製作に没入することになるのだが、私はついにその過程に耐えることができなかったのだ。

当時下宿していた京都市内から専門学校に毎日、阪急電車で通う中、この学校における絶望的なまでの就職率の悪さが、私の理想を打ち砕いたのもその要因であった。学校に来る求人広告を見ると、良くてカラオケ店で流れるあたりさわりの無い背景映像を撮影する会社、最も多いのは結婚式のビデオ撮影会社のＡＤ職であった。

これならまだしも立命館に戻って就職したほうが、映像業界での版図は明らかに広いと感じて、脱落の道を選んだ。しかし今思えば、私の内心にたぎっていた映像製作への熱意というものは、所詮一年程度しか続かないもので、自分にはこの世界は向いていない、という厳然たる事実を再確認させられただけだったのかもしれない。

在日コリアン社長との出会い

ともあれ、二〇〇三年から大学に本格的に戻った私は、しかし中途半端な学生生活を続ける。高校以前の家庭環境からの完全離別をモットーにした大学時代の私は、兎に角やることなすことすべてが高校までの家庭環境への反発と反動を源泉としていた。反体制、アウトロー、一匹狼《いっぴきおおかみ》が私の理想とする青年像であった。これらはすべて、私の父と母が差別と蔑視の対象として、「目指すべきではない社会の落伍者」と指を差して嘲笑《あざわら》っていた社会階層そのものである。

この間、私は本当にひょんなことから京都市内で不動産屋（もう一つの事業として消費者金融会社）を経営する在日コリアンの社長と出会い、彼の実質的カバン持ち（半ば舎弟）として、主に京都市内で競売物件の落札（実際には、入札前の外見状況の下見）や、彼の新規事業（と彼は勝手に思っていた）のインターネット小売り分野でのサイト構築などに毎日奔走した。

映画『仁義なき戦い』を観たあと、人は肩で風を切って街を歩きたくなるというが、韓国慶尚南道《キヨンサンナムド》にルーツを持つ在日コリアンの社長の直情的で威勢のいい関西弁を恒常的に浴び、私は一端《いっぱし》のチンピラにでもなった気分で約二年間、この社長のもとで滅私奉公をした。社長はある時私に、「俺のことをお父さんと思っていいんやで」と言った。

この言葉が私にはたまらなく、本当に涙が出るくらい嬉《うれ》しかった。実の父から、父親らしい薫陶を何一つ受けることのできなかった私は、この五〇代初めながら「雄の活力」に満ち満ちたコリアンの社長にたまらない父性を感じ、忠誠を誓ったのだ。

実際に社長を「お父さん」と呼ぶことは流石に気恥ずかしさが先行して躊躇《ためら》われたが、彼の影響の結果、まだ書類上大学四年生の私は、上下ジャージ姿でトラ模様のサンダル履き、オーストリッチのボストンバッグを手にし、金の喜平ネックレスをして、中古のスポーツ車（日産ＧＴＲ）を乗り回していた。当然、こんな風体なので、大学入り口の警備員に、「あのう、本校に何の御用ですか？　許可無く敷地に入ることはできませんが……」などと一丁前のチンピラ風情に間違われる始末であった。いわば『ミナミの帝王』における萬田《まんだ》銀次郎の舎弟を一端に気取っていたのである。それもこれも、教条的禁欲と計画的人生設計を無慈悲に押しつけられ、鬱屈した人生に対する、私なりの青春的返答であった。まず、笑える若気の至りであろう。

だから私が現在でも流暢《りゅうちょう》（？）に使用できる関西弁（正確には京都弁）は、当時五〇代初めであったこの在日コリアンの社長の言葉遣いをそのままトレースしている、若干親父臭く口調の荒い京都人のそれになっている。

彼は本当に日本人では考えられないような人情の人で、日本人経営者なら紙切れ一枚の解雇通知で真っ先に切り捨て、見捨てるような、「どうしようもない」経済的に堕落した破産者を、自分の会社の社員として雇用――否、養っていた。

彼は、社会的に本当に自殺に追い込まれるほどの絶対的弱者を目の前にして、それを足蹴にしてまで利益をむさぼるという不正義を許せない倫理観の持ち主だったのである。

例えば、消費者金融の社長として債務の取り立てに奔走している最中、自分の重債務者が資金繰りに行き詰まり、包丁で手首に刃を入れたうえで首吊《くびつ》り自殺をしようとしている現場に出くわした。

すると社長は急遽《きゆうきよ》、彼を救い出し、生きる勇気を与え、債権放棄をして、以後、自社の社員として雇用して、ずっと面倒を見たのだった。

自分の貸した金を返さないで、死によって逃げようとする、本来唾棄すべき無責任の相手を救い出し、自社の社員にして登用し、面倒を見るなど、常識で考えて並大抵の人間ができることではない。こうした逸話が、社長の周りにはたくさん、数えきれないぐらいあった。

確かに口では喧嘩っぽく、地回りやチンピラにも容赦無い攻撃をして屈服させることを良しとするが、この古典的な社長の心底には、たぎる人間愛があったことを私は見逃さない。

社長は堅気ではあったが、かといって客観的に見て彼のやっていることは完全な堅気ではなかった。社長は韓国籍だったが、彼の会社は朝鮮商工会（朝鮮総聯系）に加入しており、税理士と節税の相談を頻繁にしていたが、最終的には完全に納税をして、日本社会に融和していた。

彼から学んだことはあまりにも多く、こういった京都における在日コリアンの様々な人たちとの出会いを通じて、私は在日コリアンという日本社会においてはマイノリティーに属する人々に、とてつもない親しみを感じるようになった。

後年の話だが、私が社長の経営する不動産会社の所在地を訪ねると、表札が全く変わっていて、登記を調べると別人のものになっていた。特にバブル崩壊前後、ジェットコースターのような浮き沈みの激しい人生を送った社長のことだから、土地・建物を誰かに高値で売却して、丹波の山奥かどこかに隠棲《いんせい》しているのだろうか。詳細は現在でも不明のままである。彼の息災を心から願う。

両親との力関係が逆転した

その後、私は大学在学中ながら、主にカメラの卸売業を始めて稼ぎをすることになった。やがてすぐにそれは小遣い稼ぎから本業になった。

つげ義春氏の漫画「カメラを売る」で、つげの投影人格である助川が、目録販売でカメラを転売する商売を思いつき、これで実際に一儲《ひともう》けする場面が出てくるが、私がやっていたのはもの凄く簡潔に平たくいうと、この助川のインターネット版であった（もちろん税務署に開業届を出して納税している）。

この結果、私は平均的な同世代の月収の約二倍を優に稼ぐ、立派な自営業者になっていた。私はずるずると大学を留年し続け、二五歳になってもまだ学部大学生（七年生）であった。だが、経済的な自立という意味では完全な自信を持っており、時々電話で消息を尋ねてくる両親を、「いつ切り捨ててもよい、馬鹿で愚鈍な存在」と見限っていた。

実際、この時の私は『無能の人』の助川の大成功時のように、自営業者として経済的には完全に独立した存在であったので、大学などいつ中退してもよかった。実際に、大学中退を何度も両親に通告したが、そのたびに学歴に拘泥して、いつの間にか立命館大学を「至高の超有名大学」と勝手に脳内変換し、「息子が立命館大学という西日本でいうところの早稲田大学に通っている」という、誇大な嘘を近親者にさんざん自慢して回っている両親は、電話口で泣きながら私にどうしても卒業してくれ、と懇願してきたのである。

子供の北大進学と卒業を人生の既定計画としていた両親は、ずいぶんレベルを下げて、無理やり立命館を北大の代替にした。だがそれは、客観的にも偏差値的にも到底無理な相談であって、両親の一方的な願望にすぎなかった。ともあれ、それに従って私は、渋々七年生の前期にして大学を卒業することとなった（所謂、前期卒業。前期卒業は特例的なので卒業式は無い）。

このころになると、両親と私の力関係は、不思議なほど逆転し、「いつ中退しても結構ですよ」と退路を断っている私の余裕綽々《よゆうしやくしやく》な姿に対し、「息子が大卒でないと困る」という世間体と自身のプライドを気にする両親のほうが劣勢の状態になっていた。当然実家とは電話だけの関係になり、帰省することも無くなっていたし、その必要も無いと思っていた。

その後、私は経済的自信からその居宅を大阪（元来京都に住んでいたが、大学四年時点で大阪府に転居）から神奈川県に移し、この地で独立自営の存在として生きていく決意を固めていた。

この時、私は大阪のとあるゴミステーションに捨てられていた生後約一週間の茶トラの子猫を拾い、我が子のように育て始める。これが現在でも私の伴侶のひとりになっているオス猫の「チャン太」（凄く可愛い・去勢済み）である。しかしこの当時、私は物書きになるなど、全く想像だにしていなかった。

兎に角二〇代中盤から後半にかけて、私の私生活は乱脈を極めた。過度に抑圧された家庭環境の反動で、私は父が蔑視し、徹底的に差別していたアウトローや社会のはみ出しモノに過度な好感を持ち、また自身が意識的にも無意識的にもそれらに準じる存在になろうと常に指向していた。

このころ、私の抑圧された性欲は漸次的にだが解放され、私は多情で、放漫で、また若く尊大な雄となっていた。このような私の二〇代における強烈な気質は、今考えればやはり、すべて徹底的に抑圧された高校以前の家庭環境に対する心の反動が原因であったことは間違いない。

そして二〇代の私は、あまりにも自由奔放な生活に身を任せ、なまじその自由を支える経済的基礎に胡坐《あぐら》をかいたがゆえに、久しく、私の抱える疾患の存在を、二七歳ぐらいまで、全く忘却していた。

私が抱える疾患とは、いうまでもなく一九九八年一二月に突如として私を襲ったあの忌むべきパニック障害である。パニック障害の急性発作が現出する、限定された空間や環境から全く逃避していた当時の私は、自身がパニック障害という疾患を抱えているのだという事実を、きれいさっぱり忘却していたのだ。

いや、正確にいえば私が大学に入学した一八歳当時の二〇〇一年から、大学を卒業して神奈川県で奔放に暮らし始める二七歳前後の二〇〇九年ごろまで、私は自身のパニック障害を完全治癒したものと思い、その存在すら、記憶の片隅に追いやっていたのである。

事実、二〇〇一年から二〇〇九年までの概ね八年間、パニック障害の発作は、きわどい事例はあったものの、ほぼ発症せず、それによって私はこの間、精神科の治療を一切受ける必要も無いと勝手に素人判断して、この病気に対して徹底した放置を貫き、世俗的生活を楽しんでいた。

ところが、表面を火炎放射で薙《な》ぎ払っても、カビの菌糸は地中深く根をめぐらせ、いつか来る復活の時を待っているのと同様に、私のパニック障害も、つかの間の「寛解」を謳《おう》歌《か》していたにすぎず、その紅蓮《ぐれん》の炎が過ぎ去ってからしばらくのち、まるで不意打ちの奇襲攻撃の如く、「むく」と地中からその存在を一斉に放出するのである。

そう、私が世俗の自由を謳歌した約八年間、パニック障害という憎むべき地下茎は、決して死滅することなく、むしろその地下に張り巡らせたレジスタンスのネットワークをより強固なものとして蓄え、その邪悪な開花の欲望をじっとたぎらせていたのだ。それを思い知るのは、私が二〇代末期、すなわち二七歳を過ぎた二〇一〇年代に入った時であった。

私のパニック障害は、私の至極楽観的な予想に反して、何らこれっぽっちも、完治などしていなかったのである。

第六章　再発

「保守界隈《かいわい》」期待の新人

二七歳になって、私の人生は妙な方向に転がりだした。元来私は小学生時代より所謂軍国少年であった。タミヤから出ている『ウォーターラインシリーズ』（喫水線より上の軍艦構造を再現したプラモデル）にハマり、小学校五年生にして旧日本海軍の主要艦艇のほぼすべてを作った。

そして、注目すべきなのは当該シリーズの組み立て説明書にその軍艦の戦歴が記されていることだ。曰く、ミッドウェー海戦で沈没、ソロモン沖海戦で砲撃戦、マリアナ沖海戦で大破などなど……。自分の作った軍艦の活躍とその哀しい最期を知ることになった。当然、もっと知りたいという欲が出た。そこから、学研から刊行されている「歴史群像」の第二次大戦期のモノを読み漁っていった。

「歴史群像」ムックは成人が読者対象だが、小学生の私は難読漢字を辞書を引きながら読み進めた。第二次大戦の俯瞰《ふかん》的理解、また概ね一九四二（昭和一七）年末までは米海軍と拮抗《きっこう》した連合艦隊の活躍を想像すると胸が躍った。そしてこれまた早熟と我ながら思わなければならないが、先の大戦で完膚なきまでに打ちのめされた日本軍が、ＳＦの中で活躍する「架空戦記モノ」にまで運命的に触手を伸ばすことになり、この世界に熱中した。

架空戦記モノは、一九八〇年代末〜一九九〇年代に一世を風靡《ふうび》した。基本的には「もし日本軍があの時〇〇だったら、米軍に勝てた」というご都合主義の産物だが、当時は先の大戦での日本軍を正面から讃美《さんび》する空気は憚られ、唯一ＳＦ小説の中で自由に開陳されていたのである。

荒巻義雄氏の『旭日の艦隊』シリーズは有名だが、少年時代の私を夢中にさせたのは特に檜山《ひやま》良昭氏の『大逆転！　幻の超重爆撃機「富嶽」』シリーズである。現在読んでもなかなか歴史的考察に優れており、「オーストラリアに逃げたマッカーサーをポートモレスビーで爆殺する」だの、「ハワイを占領した余勢を駆ってアメリカ西海岸に上陸しロサンゼルスに日章旗を立てる」だのの内容に夢中になった。

私の世代（一九八〇〜一九八五年生まれ前後）は、一九九八年にベストセラーになった小林よしのり氏の『新ゴーマニズム宣言ＳＰＥＣＩＡＬ　戦争論』によって右傾化したとされている。氏の『ゴーマニズム宣言』に私は大きな思想的影響を受け、この『戦争論』

（現在読むとそれは、戦後の新右翼が唱えた古臭いYP〈ヤルタ・ポツダム〉体制打破――反ヤルタ・ポツダム、反東京裁判史観――の単なる漫画化にすぎないが）に感動さえした。だが私の原点はやはり「歴史群像」や架空戦記モノであった。

このような、半ば戦史オタとでもいうべき少年時代の私は、「最終的に日本がアメリカに負けたことは悔しいものの、先の戦争での日本軍の活躍は瞠目《どうもく》すべきであり、その行為にはアジア解放の側面があり、決して悪事ばかりではなかった」という世界観をいつしか強固に形成していた。

むろんこれは、年を取って歴史知識が蓄積されていくにしたがって、次第に中庸に「調整」されていくわけだが、少なくとも二〇代の私は、「反自虐史観、憲法改正推進＝自衛隊の国軍化」の思想を濃厚に持っており、大学生時代は「諸君！」（二〇〇九年休刊）を愛読していたぐらいだから、立派な右傾青年、いや「保守」青年というべきであろう。

このような基本的世界観が私の中にあったので、私は二七歳で様々な出会いと接点の「幸運とも不運ともいえる積み重ね」から所謂「保守界隈」に出入りするようになった。

保守界隈は全体的に高齢化が進んで（現在でもそうだが）、二〇代で「一応きちんとした右っぽいことが言える」私のような人間は、周囲に全く存在しなかった。

よってたちまち私は、保守界隈の期待の新人として、この世界でデビューすることになる。私の文筆家としての商業媒体のデビューは、現在では休刊しているが、オークラ出版が刊行していた「撃論ムック」だった。

当時の保守界隈は、「WiLL」（ワック）を筆頭に、「正論」（産経新聞社）、「Voice」（PHP研究所）、「SAPIO」（小学館）の四大保守雑誌が顔を揃えていたが、「撃論ムック」は後発組で、概ね五番手になる。それから当時の編集長Nに某零細出版社Sを紹介され、そこでライターと編集業に本格的に入れ込むようになる（私の初の単著は、この出版社Sから出ている）。

それと同時に、当時（二〇〇〇年代末期）次第に隆盛を見せ始めたYouTubeやニコニコ動画に右派的オピニオン動画（番組）を大量に投稿しだしたCS放送局Sにおいて、私は恐らく同局史上最年少で冠番組を持つことになった。二七歳の時である。

繰り返すが、保守界隈は発信側（論客）も受け手（視聴者・読者）も極めて高齢化が進んだ世界であり、新陳代謝が無い。

この基本構造は今でも変わらないが、「まるで彗星《すいせい》の如く」登場した若い私は、当初保守界隈の老人たちから興味半分・見下し半分で見られていたが、やがて二年もすると、概ね「本物」であると認定されるに至った。何せ私は、第五章で述べた通り腐っても史学科を出ているのであり、その学部生活がいかに怠惰なものだったとしても、近現代史のイロハについては凡百の比ではない。

誰にいわれるでもなく、大学生時代に「基礎教養の一環」として福田恆存《つねあり》、秦《はた》郁彦、保阪正康《まさやす》、半藤一利《かずとし》、西尾幹二らの本を読んでいた。こういう若者は当時も現在も非常に珍しい。

のちに、こういった「保守的基礎教養」すら持たずに、所謂ネット右翼が好む差別的言説やデマと陰謀論を喋《しゃべ》ることで論客扱いされるのがこの業界の実相であると理解できるようになるのだが、この当時の私は「この程度の基礎教養」で、様々な保守媒体から声がかかることがたまらなく嬉しく、兎に角、CS放送局Sを中心として様々な右傾ネット番組に出演し、保守雑誌に原稿を書きに書きまくった。

当時、前述した四大雑誌の中で、売り上げ的に不動のトップの座にあった「WiLL」からも頻繁に原稿執筆の声がかかるようになった（当時の編集長は、花田紀凱《かずよし》氏。のちに編集長は交代するが、そこで私は約二年連載を持つに至る）。

そうして私は、三〇歳で「若手保守論客」として保守界隈で認知され、前述した四大保守雑誌のすべてに記名原稿を寄稿する実績を有し、PHP研究所、KKベストセラーズなどの中堅老舗《しにせ》・準大手出版社をはじめ、中小出版社を含めると九冊の単著を持つまでになったのである。

この時すでに私は、大学生時代からの主要な収入源であったカメラ屋を完全にうっちゃり、筆一本で私ひとりが生活していけるだけの基礎を築いていた。今思えば、ライター人生としてはかなり早期の段階で成功した部類だと思う。

再発

順風満帆のように見えた私の二〇代後半からの「保守界隈」での生活も、巡航速度となりややもすればルーチンワークとなりかけていた二〇一二年（二九歳）、突如として異変が起こった。

当時、私はCS放送局Sのネット番組で冠番組を持ち、MCを二〇一〇年から満二年継続していた。その間、番組の編成上の改変は数次あったものの、基本的には私が主要なMCであることには一切変わりが無かった。後日聞いたところによれば、このネット番組の人気（再生回数）は、CS放送局Sの中でも四～六番手くらいだったというから、全部で二〇、三〇くらいある番組の中で、客観的に見てかなり良い成績を残していた。

基本的にこのネット番組は、生放送を売りにしていた。ニコニコ生放送のサービスを利用して生番組を約一・五～二時間やる（CS放送局Sの中で、生放送をするのはこの番組だけであった）。そうして別カメラで同時録画した素材を、後日同局のYouTubeなどの動画サイトにアップロードする。生放送で観る視聴者と、後日録画を観る視聴者の延べ人数は、五万～最大二〇万人／回いた。繰り返すが、この数字は、かなり良い部類である。

ある日、生放送中に私は急な窒息感を覚えた。毎回ゲストとMC（私）、サブMCの三人を基本とした鼎談《ていだん》形式を取るこの番組は、同局唯一の生放送番組というだけあって妙な緊張感がある。そんなストレスもあってか、急な窒息感、呼吸困難の症状が立て続けに出るようになった。

第五章で述べたように、私のパニック障害は、「治癒」という判断であったので、この急性症状を最初は、「寝不足のせい」とか「忙しさのストレスによるもの」という風に全く軽視していた。しかし、「衆目（しかもカメラの向こう側の視聴者も含めて）の監視する逃げられない状況」で起こったこの窒息感は、間違い無くパニック障害の再発であった。

そのうちに症状は決定的に悪化した。CS放送局Sで冠番組を担当することと全く同時並行で、私は前述の零細出版社Sで、後発右翼系雑誌「J」の編集長に抜擢《ばってき》されていて、いわば二足の草鞋《わらじ》を履いていた状況であった。むろん、その地位は雇われ編集長であり独自色を色濃く出す台割（雑誌構成表）の作成が認められていたわけではなかったが、どうあれ肩書きは「編集長」である。

様々な団体や個人との折衝も私が行っていた。隔月雑誌だったが、校了も間際になると完全に渋谷区にある出版社事務所で徹夜だった。設定した締め切りを「大幅に」破るのは当たり前で、催促のメールも電話にも音信不通という、どうしようもなく怠惰で遅筆な著者が何人もいたせいで、印刷所に入稿するギリギリの段階まで事務所の床に半分寝ながら原稿が届くのを待ったことも数え切れぬほどあった。

こういったストレスは、知らぬ間に私を蝕んでいった。まだ若かったので肉体のほうは兎も角、精神のほうが限界に達していた。ある時、くだんの後発右翼系雑誌「Ｊ」が校了して、ほっと一息ついたので、帰路方向がほぼ同じということで同出版社の社長を自家用車の後部座席に乗せて彼の家まで送り届ける役を仰せつかった。

文京区千駄木付近を走行中、急激な窒息感に襲われ、動悸が増し、途端に死の恐怖がよぎった。しかし社長を後部座席に乗せている都合上、突然走行をやめて車から降りるわけにはいかない。やがて道路は渋滞となる。車内から逃げられない――。

今度は、全身が、妙なことに腹部から激しい麻痺が始まり、両腕、下半身へと加速度的に広がっていく。感覚が消失する。怖い。いけない、このままでは気を失う。

「しゃ、社長。あの、すみません、……あの、ちょっと昼に食べた中華にあたったみたいで……ト、トイレに……。トイレに行かせてください……」と嘘をついてすかさず車を止めてコンビニのトイレに駆け込む。車から出て数分経つと麻痺は無くなる。

しかしまた車を走らせてしばらく経つと窒息感と麻痺が襲う。失神と死の恐怖に耐えながら社長を自宅近くまで送ると、帰路私は、ついにこれはパニック障害の再発であると認めざるをえなくなった。私のパニック障害は、一八歳の大学入学以来、長らく鳴りをひそめていたが、とうとう私自身が強烈に「再発」を自覚せざるをえない段階に達したのである。

しかし私は、第四章で詳述した通り、「両親に保険証を隠される」という究極の虐待を受けたがために、実のところ二九歳まで自身の抱える疾患＝パニック障害に対して何らまともな治療を受けていない状態であった。事実この時、医師による正式な確定診断や診断書も無い状態であったのである（保険証を取り上げられたため、医師による診察も一回のみで、単なる健康相談）。ただただ私の回避策としては、「パニック発作を起こすような場所、ストレスから徹底的に逃げる」という一本のみで、根本的治療をついぞ怠ってきたのである。

精神科クリニックを受診するも

まず私は自宅から通える範囲に限定して、A精神科クリニックを受診した。この時には、私は自身で国民健康保険に加入していたので、受診に何ら躊躇いは無い。A精神科クリニックは、ネット上の評判がすこぶる良いというそれだけの理由で受診先として選んだが、実際には全く評判とは違っていた。私の担当は女医だったが、まず私の目を見て話すことが無い。診断中は私に一瞥《いちべつ》もくれること無くずっとPC画面だけを見ている。患者の目を一度も見ること無く診察を終える、目の前のこの医師はコミュニケーション能力に問題があるのではないかと疑った。

このA精神科クリニックで私はパニック障害発症（一六歳）から実に一三年を経て正式な確定診断が出た。A精神科クリニックでは向精神薬Bが処方された。これを飲みだすと確かに症状は改善された。

しかしA精神科クリニックは人気病院で、「次の予約は二か月半後になります」というような無茶苦茶なことを平気で言ってくる。こちらは治したい一心で最低月一回の受診とカウンセリングを希望しているのに、担当医が行うのはただ機械的に処方箋を書くことだけで、私の話などまるで聞かない。そもそも次回の診察までの期間が長すぎてその途中で薬が尽きてしまう。

これでは全然ダメだということで、今度は隣県のB精神科クリニックを受診した。担当医は温厚な男性だったが、「前の病院では何の薬を出してもらってるの？」と聞かれたので向精神薬Bの名前を出すと「じゃあ、こっちでもそれでいいよね」という一言で向精神薬Bを継続するだけになった。私が最も望んでいたカウンセリング的要素は、ここでも全くなかったが、この病院は初診のA精神科クリニックと違って逆にあまり人気が無いらしく、次回の診察予約も希望通り取ることができたので、私にとって甚だ便利な病院となった。

私はこのB精神科クリニックに四年以上通い、初診時と全く同じ向精神薬Bを継続服用することになったが、この向精神薬Bには副作用があった。確かに、パニック障害の発作はこの薬のおかげで抑止された。これは素直に嬉しい成果だった。

だがこの薬は依存性が強く、日中に強烈なふらつきやめまいに襲われる。これは仕方の無い副作用で、パニック発作の地獄を味わわなくてすむのなら十分我慢に値する、と判断して飲み続けたが、最初は一錠／日だった投薬量が、最終的に七錠／日まで増えた。

どんどんと薬の耐性がついていくのだ。そしてこの薬と直接関係があるかどうかは断定しかねるが、この間私は短期間に車両事故を数件も起こしてしまい（すべて弁償・示談解決済み）、いよいよ自分自身でもB精神科クリニックで処方される向精神薬Bの継続服用に重大な疑義が生じる結果となっていったのである。

保守界隈への幻滅

こうして悶々《もんもん》としている間、私は保守界隈ときれいさっぱりおさらばすることになった。期待の新星としてチヤホヤされて有頂天になっていた私の高揚感はせいぜい二、三年しか続かず、そののちは幻滅の連続であった。

なぜなら結局のところ保守界隈とは、嫌韓・反中、反自虐史観、朝日新聞批判、自民党擁護、野党（当時、民主党政権）批判などの同じネタを、毎度毎度回転ずしのように輪番で担当して客（視聴者・読者）に提供する世界であり、いい加減そういうものに飽き飽きしたからである。そしてそこに根拠の無い隣国人（韓国人・中国人）差別が濃淡の差こそあれ通底していたことに、極めて大きい不快感を感じざるをえなくなったからだ。

こうして私は三一、二歳を過ぎると、保守界隈には身を置きつつも、「保守」の在り方そのもの、そしてそこに無批判に寄生する所謂ネット右翼に否定的見解を表明するようになった。はじめは「是々非々」「寛容」と私の批判をも包摂したかに思えた保守界隈は、次第に私をうっとうしく思うようになっていった。何せ、自分たちより数回りも年下の私から、正面切って紙面で指弾されるのだから、これは保守界隈の秩序の破壊と同義であり、無視することはできない。

そうしてついに、私はレギュラー冠番組を持っていたCS放送局Sから事実上のクビを宣告された。その理由は簡潔にまとめると、「私の態度や言説がCS放送局Sの方針と乖《かい》離《り》している」という内容であった。またぞろ閉鎖的な保守界隈では常套《じょうとう》である排斥の理屈であったが、正直私はクビになってほっとした。なぜならパニック発作を起こす原因であった生放送番組が消えて無くなるからである。

それ以来、私の言論姿勢は金儲けのために保守を偽装している者や、そこに無批判に追従するネット右翼、デマやヘイトを垂れ流す自称保守論客たちに対する批判へと変わった。これまで「〝保守業界〟の期待の新星」と目されていた私による身内への苦言は、やがて彼らの敵愾心に火をつけ、ネット上での私に対する罵詈雑言や中傷となった。

本を出版すると、読んでもいないうちから評価一をつけられ、「左翼に転向した古谷の本など読むに値しない紙ゴミである」という趣旨の嫌がらせレビューが大量についた。私のメールアドレスには、私の顔写真をプリントアウトしたものに大便を落とした写真が添付されて「パヨク死ね」と送られてきたようなことも数えきれない。

場合によっては殺人予告が行われることもあったし、私の精神疾患をあらゆる差別表現で堂々と罵ってくる連中もいた。たまりかねた私は民事訴訟を起こし、二〇一九年に完全勝利に至る（被告側に賠償命令が確定し、相手側の口座差し押さえに成功）のであったが、正直いって私にとって、こういった罵詈雑言や嫌がらせ、論評を超えた侮辱や差別は何の脅威でもストレスでもなかった。

なぜならこういった仕打ちは、私が青春時代に受けた両親からの教育虐待に比べれば、一万分の一以下のノイズにしかすぎなかったからだ。そして「古谷を殺しに行く」などのネット上での殺害予告は、絶対に実行されることはなかった。彼らは口だけの存在で、実際の行動を伴わない。それよりも、保険証を隠され、冷水を浴びることを余儀なくされ、自室のドアを除去されて監視されたりという数々の両親からの加虐のほうが、何万倍も酷いことだったからである。

そうして私の言説は、「人間の理性は信用するに値せず、社会は歴史や経験に基づき、ゆっくりと改良されるべきだ」というE・バークの「本来の保守主義」に回帰して現在を迎えるわけだが、他方で私のパニック障害の治療は、B精神科クリニックで処方される向精神薬Bの漫然たる服用が継続されていた。しかし、いよいよ薬量は増大し、すでに述べたように日常生活に関して決定的な不都合が起こるようになる。不眠症や鬱も併発し、睡眠薬も同時に服用しなければ毎日眠れない状況になった。

こんな最悪なコンディションの中で私は二〇一六年（三三歳）に結婚することになったのだが、当時の病状を素直に告白すると、妻もそれではいけないと痛感したのか、B精神科クリニックへの通院中止と他の病院を探すことを真剣に検討してくれた。

そしてこれはまさに天の僥倖《ぎょうこう》というべきか、妻の知り合いの関係で紹介された都内の精神科クリニックへ通院することに相成ったのである。そこで新しく私の主治医として出会ったのが、我が国におけるパニック障害治療の第一人者のひとり、貝谷《かいや》久宣《ひさのぶ》医師だったのである。

第七章　対決、そして絶縁

新しい主治医で劇的に回復

新しく私の主治医となった貝谷久宣医師は、それまでの精神科医とは全く違った処方箋を出した。またここで、パニック障害の発症は通常、気質的要素が三割、環境的因子が七割であるとの分析結果が出た。その中で七割に該当する環境因子は、私が少年時代から受けた両親からの過剰なまでの教育虐待に精神が破綻をきたしたため、という解釈になった。一般的にパニック障害の患者は、その発症要因が両親からの加虐であっても、加虐に対して抵抗する気力を持ちえないで、抵抗する気力が萎えてしまい抑鬱傾向になることが多いという。

私のように、面従腹背して決然と抵抗する患者というのは、いたって珍しいという。しかしそのような、根が反骨的にできている私ですら、それを上回る虐待を恒常的に加えられれば、最終的に精神が破綻をきたすのは当然のことという。要するに私は根が精神的には頑強にできているものの、それにも当然限界というものがあり、それを上回るストレスを両親が加えたことに耐えられず、パニック障害を発症したと考えられる、ということである。貝谷医師の分析は、私の自己分析とほぼ同一のものであった。

そして私が長年服用してきた向精神薬Bには「副作用の害が一方的に多く、全く益が無い」として、即刻投与を中止するとともに、新しく七種類の向精神薬投与による治療がたちまち始まった。

具体的には、毎日「レクサプロ」(一〇mg)を主力として、「ドグマチール」(五〇mg)、「メイラックス」(二mg)、「サインバルタ」(二〇mg)、「デパケン」(二〇〇mg)、「デジレル」(五〇mg)、胃薬として「セルベックス」(五〇mg)、睡眠薬として「ハルシオン」(〇・二五mg)、緊急頓服剤として「ワイパックス」(〇・五mg)である。

パニック障害の治療は一種類の薬だけで行うものである、という固定観念が染みついていた私にとって、この多剤による治療法は画期的であった。

そもそも、それまでのAクリニックもBクリニックでも、このような種類の薬の名前などただの一度も医師は口にしなかったのだ。よって私は、これらの薬の存在はもとより、これらの薬がパニック障害や抑鬱傾向に著効があり、パニック障害の専門医による処方としては第一選択である事実をこの時初めて知ったのである。一体、Aクリニック、Bクリニックでの方針は何だったのだろうか。

そして貝谷医師は、「およそ一五年以上、あなたはまともなパニック症の治療を受けていない。しかし当院での治療で必ず良くなります。パニック症の完全な治癒は難しいが、これまで一〇〇あった症状を九九除去して一にすることは十分に可能である。そこを一緒に目指しましょう」と言ってくれた。私の目を一切見ないでＰＣ画面と会話する精神科医や、単に処方箋だけを機械的に書く精神科医としか出会ってこなかった私にとって、貝谷医師のこの言葉は涙が出るものであった。

爾来《じらい》、私は貝谷医師の指導のもと、新しい薬物療法に臨み、症状は劇的に改善され、現在では完全にコントロール下にある。テレビやラジオ番組に出ていきなり窒息感に襲われたり、後部座席に重要人物を乗せて運転している時に全身麻痺や失神、死の恐怖に襲われるといった発作は全く出ていない。貝谷医師は、私の症状はアゴラフォビア（広場恐怖）がまず先にあり、そこにパニック症が重なり、また典型的な鬱と不眠症を合併している、と見事に分析した。

言われてみればその通りであった。貝谷医師との出会いはまさに私にとって天啓であり、深い感謝の念しかない。一五年以上の長きにわたって宿痾《しゅくあ》として私の精神の根本に横たわっていたパニック障害は、貝谷医師の治療方針のもと、たった半年で劇的な改善を見たのである。そして貝谷医師との診察中の雑談は、それそのものがカウンセリングであると痛感した。まさに「医は仁術」とはこのことである。

臨床経験豊富で聡明な医師と、正しい治療法。そしてそれを方針通りに貫徹すれば、パニック障害は決して恐ろしいものではない、と認識することが一五年もの時を経てようやく私の実感としてである。ただし、貝谷医師の言うように、一〇〇を一に向かわせることはできるが、一〇〇を〇にする——つまり完治することはできない。そして正しい治療を中途で放棄すればまた症状は悪化する。よって私は、貝谷医師の勧めもあり、精神障害者保健福祉手帳を申請することになった。

精神障害三級の認定

認定された等級は三級。精神障害の等級は一級から三級まであり、数字が小さいほど重篤度が高い。精神障害三級の認定基準は、「調和のとれた適切な食事摂取は自発的に行うことができるがなお援助を必要とする」「洗面、入浴、更衣、清掃等の身辺の清潔保持は自発的に行うことができるがなお援助を必要とする」「規則的な通院・服薬はおおむねできるがなお援助を必要とする」「家族や知人・近隣等と適切な意思伝達や協調的な対人関係づくりはなお十分とはいえず不安定である」などであり、私はこのほぼすべてに該当する。

現在の居住地である千葉県から受け取った精神障害者手帳をまじまじと見るにつけ、何ともいえぬ感情が湧き起こった。それは、私は障害者になったのだ、という感慨と、そして「障害者にならざるをえない環境に長年晒されてきた」という実感である。「障害者にならざるをえない環境」とは、いうまでもなく私が受け「続け」た両親からの教育虐待である。

私が障害者手帳を受け取った三四歳の時、決意したのは両親との関係性の清算、である。それはすなわち、「障害者にならざるをえない環境」を創り出した両親と私との関係性の総決算である。すでに第五章で述べた通り、大学生時代から自営業を始めた私は、両親との一方的支配関係を解消し、完全に独立していた。そして、両親の住む北海道札幌市と、京都・大阪、神奈川を経て最終的に千葉に居を構えた私とは物理的な遮蔽があるので、その関係は極めて疎遠なものになっていた。

「そんなことをした覚えは無い」

ここで、私と両親との関係性をもう一度おさらいしておきたい。一八歳で前述した立命館大学に進んだ私は、両親の支配から解放され、またそれゆえ、パニック障害の症状は長らく潜伏状態にあったことはすでに述べた。

そして私自身が早い段階で経済的自立を果たしていたので、両親との関係は「重要、火急の連絡」を除けばすべて行わない、という選択肢を持つことができるようになった。具体的にそれは、二か月に一回くらいの短い電話連絡のみ（それも、決まって電話してくるのは両親、特に母親のほうからで、私からの発信は皆無）で、盆や正月における帰省も一切行わない日々が何年も続いていた。完全なる疎遠関係が何年も継続されたのである。

しかし私の結婚を機に、流石にその疎遠関係も一時期解消された。結婚式に両親を呼ばないというわけにはいかないので、一応式場である東京に両親を招聘《しょうへい》した。この時の両親と私との会話では、両親による私への苛烈な教育虐待について言及は一切無い。そして私も、この話題にはできるだけ触れたくなかった。虐待をした側にとって、息子に与えた損害を直視するのは苦痛であるとともに、虐待を受けた側にとってもその記憶や被害を蒸し返すことは同じく苦痛だったからだ。

それゆえ、私と両親の関係は、私の結婚を機ににわかに接近したかに見えたが、それは表面上のことで、三人だけの空間（父・母、私）になると途端に「気まずい沈黙が支配する」という塩梅《あんばい》であった。だが、私はそれで虐待の苦痛を思い返すことも「ほぼ」無かったし、両親に対する敵愾心の炎を再燃させるということも無かった。またそのほうが精神衛生上、全般的に楽であると判断していたのである。

だがこの状況は、二〇一八年末になると一転した。私がとあるウェブ媒体で二〇年にも及ぶパニック障害との闘いを記事にして、自身の抱える障害やその原因となった両親による虐待の概要をカミングアウトしたためだ。

この記事は大きな評判となったが、公開されるや否や、父から私宛にメールが届いた。それは、要約すると「親として当然のことと思ってやった（私への北大進学強要）ことが、現在でも（私を）苦しめていることに対して、憂慮している」という内容であった。そのメールには、謝罪の言葉は一切無い。日本の外務省が談話でよく発表するような、「遺憾の意」程度のもので、加害者である父から発せられたものとは到底思えない無思慮な趣旨の内容であった。

当然、私はこの父からのメールに強く反発して、「（記事を読んでおきながら）謝罪の言葉一つ無いのは、加害者として不適切であり強く憤っている」という旨の返信を出した。父親からのメールに対して、私が反論のメールを返信したのはこれが人生初めての出来事であった。さんざん述べてきたように、一八歳まで（大学進学まで）の私は両親による不当で一方的な支配下にあり、私からの反論や提案があっても、すべて黙殺と罵詈雑言で返されたから、私は両親との対話を完全に諦めるに至っていたからである。

このやり取りののち、ほどなくして妻を仲介人として両親から「私と直接会って話がしたい」旨の連絡があった。私は逡巡《しゅんじゅん》した末これを受け入れた。それは、両親が私に対して行った教育虐待を真に反省し、私と直接対面して過去の過ちを認め、真摯な謝罪をするものという淡い期待があってのことであった。

この時、父はすでに公務員を定年退職し、七〇歳を過ぎていた。母のほうは四〇歳で罹患した難病・潰瘍性大腸炎の治療法が目覚ましく進歩し、その新技術が奏効したのか、長らく症状は安定が続いていた。そんな状況も相まって、両親は自らが行った教育虐待について客観的に俯瞰できるようになり、また加齢により性格も丸くなったであろうという、私の勝手な（全く今にして思えば楽観的な）期待が先行した。

私の住む千葉県松戸市の自宅に、神妙な面持ちで両親が訪問してきたのは、年が二〇一九年に改まった春のことであった。もちろん、三人だと気まずいのでその場には「司会役」として妻が鎮座ましましている。社交辞令的な雑談ののち、ついに本筋が開始された。論点は一つだけで、「私に対して行った苛烈な教育虐待について、両親がいかにそれを総括し、いかにして謝罪の意を私に示すか」である。

しかし、ここで私は思いもよらない両親の無思慮で裏切りに等しい、身勝手極まりない健忘症に直面することになる。父も母も、「総論では悪かった」ような趣旨の言い分を披露したが、各論、つまり第三章でいやというほど記述した教育虐待の個別の内容については「そんなことをした覚えは無い」と否定しだすのである。

「父の学歴コンプレックスにより、最初から北大進学ありきの設計的人生を私に押しつけ続けたこと」「母が自らが罹患した病気のストレスからくる鬱憤のはけ口として、私を思う存分サンドバッグに利用したこと」「健康保険証を隠してパニック障害の治療をさせなかったこと」「冷水を浴びるように仕組み、ドアを取り外し私を監視したこと」「性的虐待さえも加えたこと」「私を殴打し左耳の鼓膜を損傷させたこと」

などなど、数えきれない虐待の数々について、両親は平然とした顔で「そんなことをした覚えは無い」「全然覚えていない」と反論した。ではなぜ「総論では悪かった」と言ったのか問うと、くだんのウェブ記事を読むと私が相当怒っているようだったから、と言う。つまり、自分たちがしてきたことは全く覚えていないが、とりあえず息子が公に自分たちへの怒りを表明したので、それをなだめすかしに来たというのが、趣旨としては全部であった。

私はこの、記憶障害というか、自分たちが子供に行った教育虐待の洗いざらいを「忘れた」の一言で表明する両親に対し、十数年ぶりに心底からの敵愾心が湧き起こった。虐待加害者の精神構造とは、所詮この程度のものであった。まさにこの、加害者の歪んだ健忘症的精神は、侵略戦争や植民地支配の加害国に存在する心理と同等である。

歴史修正主義と加害者の立場

例えば日本は、戦前朝鮮と台湾を植民地統治した。また、一九三一（昭和六）年の満州事変以来、大陸を侵略し日中戦争で中国に多大な損害を与えた。戦後（一九九〇年代）の日本の政治家は、事あるごとに、まるで思い出したかのように「朝鮮半島の植民地統治は悪い側面ばかりではなかった」とか「南京大虐殺はでっちあげである」と発言して大きな問題になった。

現在、こういった歴史修正主義の言説はさらに一般的になり、特に日本における朝鮮統治について、「日本が良かれと思って朝鮮のインフラ整備をしたのに、なぜ韓国人は日本に感謝しないのか。よって韓国人は反日民族である」という趣旨の本が、書店で大量に山積みになっている。そして保守界隈に追従するネット右翼の一般的な歴史認識は「そもそも朝鮮統治は植民地支配ではない。よって日本が謝罪する必要は無い」というものにまで至っている。

この加害者による歪んだ精神性は、父による「親として当然のことと思ってやった」という第一声のメールの趣旨全体と驚くほど酷似している。保守界隈も、朝鮮統治に対して全く同じことを言う。「宗主国として当然のことと思って朝鮮を近代化したのに、なぜ韓国人はいつまでも日本を恨み続けるのか」——。

なるほど。確かに日本は日露戦争以降、朝鮮半島を保護国（大韓帝国）として扱い、一九一〇（明治四三）年には併合した。当時の朝鮮は長らく清国（中華王朝）の強い影響下に置かれていたので、封建的な因習に縛られており、その経済力は極めて弱く、文明国家とはほど遠い農業国であった。

その朝鮮を、日本が国費を投じて本格的に近代化させたのは歴史の事実である。日本は朝鮮に鉄道、水道、学校、大学、病院などを作り、公衆衛生と法支配の概念を確立させ、朝鮮半島の人口は増加した。

京城（韓国併合後に日本が変更した首都名）にはそれまで全く存在しなかった電気鉄道が走り、電信電話設備がいきわたり、大衆新聞が発行された。と同時に朝鮮には大量の日本資本が入り、その傘下として朝鮮人が雇用されたことで、朝鮮内部に大規模ではないものの中産階級が誕生した。この中産階級が、戦後、朝鮮戦争の惨劇を経て韓国を工業国にする原動力となったこともまた否めない。

しかし、それらはすべて「宗主国として当然のことと思って」やったこと。すなわち日本による一方的な支配と日本の都合によってなされたことである。第一次大戦後、米大統領ウィルソンが「民族自決の原則」を唱え、日本でも大正デモクラシーが勃興し、英領インド帝国でガンジーやネルーらによる独立運動が起こると、朝鮮でも民族的自意識が高揚し、独立運動が起こった。

朝鮮総督府はこれを武力で徹底的に鎮圧した。そして最も重要なのは当時（二〇世紀初頭）、植民地を経営する宗主国が被植民地に莫大なインフラ整備を行い、「搾取」だけではなく、ある程度の近代化を推し進めたという事実は、日本だけが特別の事例ではないことである。

例えば米西戦争（一八九八〈明治三一〉年）でスペインを完膚なきまでに打ちのめしてフィリピンを手に入れたアメリカは、スペイン時代の劣悪なフィリピン統治を劇的に改善させた。アメリカはフィリピンに膨大な国費を投じて鉄道、水道、学校、大学、教会、病院などを作り、公衆衛生と法支配の概念を確立させたばかりではなく、民主主義的価値観を与え、スペイン時代には考えられなかったような（部分的ではあるが）自治権すら与えた。そのおかげでマニラは近代都市として劇的に生まれ変わり、「東洋の真珠」と呼ばれるほどの美観都市に変貌した。

アメリカ資本の主導のもとに開発されたマニラは、戦前同時期の日本より部分的に所得が高く、この高所得を呼び水に、日本から出稼ぎ労働者が殺到したほどである。しかしこれらはすべてアメリカの支配と都合によってもたらされたもので、アメリカがフィリピンに赤字覚悟でインフラ整備を行った目的は、その先にある中国大陸進出を前提とした軍事的前進基地の設置であった（ルソン島のスービック海軍基地、クラークフィールド飛行場など）。

日本の朝鮮統治の目的も、その先にある大陸（満州）進出を前提とした前線基地の設置である。要するに構造は全く同じである。二〇世紀初頭の植民地統治とは、このように「宗主国が赤字を覚悟で」自国の利益のために行うのが普通であり、戦後の日本が「宗主国として当然のことと思って」やったという抗弁は、歴史の忘却であり詭弁《きべん》である。

これをいうと、「朝鮮統治は植民地支配ではない。なぜなら日本は朝鮮を併合して内地と同様に扱ったし、その証拠に朝鮮の人口は劇的に増加した」という反論が保守界隈やネット右翼から矢のように湧き起こる。が、これも全くの出鱈目《でたらめ》である。

それをいうならフランスは、北アフリカのアルジェリアを併合して内地と同じく県を置き、名目上本国と同等の扱いをした。しかしアルジェリア人は、自分たちが「フランス本国と同等の扱いを受けており、植民地支配を受けていない」という認識を全く有していない。そして被統治国の人口がその支配期に増大したのは、英領インド帝国や英領マレー、そして米領フィリピンやフランス領ハイチでも同じであり、植民地支配の正当化や美化の根拠には全くならない。当時は世界中で人口が増大していたからである。

フランスにとってアルジェリアはやはり植民地であり、アメリカにとってフィリピンは植民地であり、日本にとって朝鮮と台湾が植民地（外地扱い）であり続けたのは歴史の事実である。ここを忘れてはいけない。

そしていくら日本が朝鮮を近代化しようと、それは「常に内地（本国）より劣後した」状態であって、依然として朝鮮と日本の間には大きな所得格差が存在し、朝鮮の一般的な所得は常に日本本国のそれよりも低かった。ここでもまた「内鮮一体」（日本内地と朝鮮は同等であるというプロパガンダ）の存在を示して、「当時の日本人は朝鮮を同胞として扱った」と主張する珍説が跋扈《ばっこ》しているが、それは日本内地と朝鮮の間に厳然とした格差が存在したからこそ逆説的に政府が唱えたスローガンである。

「内鮮一体」のプロパガンダの存在をもって、「日本と朝鮮は同等に扱われた」というのは端的にいって歴史修正主義である。事実、当時の日本大衆には書類上は帝国臣民として同等とされた朝鮮人（あるいは台湾人）に対して根強い差別感情が存在し、であるからこそ一九二三（大正一二）年の関東大震災に際して流言飛語に惑わされた一般大衆による朝鮮人虐殺という不幸な出来事が起こっている。朝鮮に設置された公学校では、日本から赴任してきた教官が、「日本人である」というだけで現地採用の朝鮮人より高給を貰うことが常態化していた。

朝鮮総督府でも下級官吏には朝鮮人を多数現地採用していたことは事実である。が、彼らが総督府における指導的立場に昇進することはついぞなかった。当然、朝鮮総督に朝鮮人が起用されたことなどただの一度も存在しない。これは歴然とした「日本の支配」「日本の都合」を前提とした「加害と被害」の構造であり、差別である。

当時の日本人が朝鮮人を「被統治民族」として一等も二等も「格下」の存在と見做し、扱っていたことの何よりの証明である。この加害者意識が現在の日本人全体に喪失しているからこそ、三五年にわたって一方的に日本に支配され、民族的自尊心を傷つけられた（たとえその生活水準が、一九世紀と比較していくら向上しようと）朝鮮半島との歴史認識の溝が一向に埋まらないのは当然のことといえる。

絶縁宣言

話を元に戻すと、私の両親の認識は、この加害国と被害国の立場とまるでうり二つだ。加害者は加害の歴史をすぐに忘却し、「忘れた」「そんなことをした覚えは無い」と開き直り、「親として当然のこととしてやった」などと事実を歪曲《わいきょく》して認識し、開陳して憚らない。

実際は自らの学歴コンプレックスやストレスのはけ口であっても、加害者は都合の良いように過去を歪曲して正当化する。そして表面上の「遺憾の意」を表明するだけで終わったことにする。問題はこれで最終的に解決したのであると言い放って自分だけ満足して納得して帰る。

一方、害を受けた側は、連綿とその屈辱を事実として絶対に「忘れていない」。この絶望的な溝の大きさ、まるで断崖のようにそびえたつ両者の認識の相違と溝の深さに、私は心底激憤した。

両親は「これで謝罪は終わった」かの如く意気揚々と地元（札幌）に引き揚げていったが、結果として我が子を障害者にまでならしめた自らの教育虐待について全く真摯な反省や謝罪の態度を示さないばかりか、「忘れた」と言い放つ両親の歴史修正主義に、私は我慢できなくなり、ついに両親との関係性の最終的清算を決断するに至った。それは両親との絶縁宣言である。

二〇一九年春。「問題は最終的不可逆に解決した」と勝手に納得して札幌に帰った両親に対し、激憤収まらない私は、ツイッター上で「両親との絶縁」を宣言する旨投稿した（二〇一九年四月）。具体的には以下の内容である。

「先日、20年ぶりに両親に向き合う。私の両親は学歴コンプにより私を徹底的に虐待し、北大進学強要、水風呂、監視、病院行かさず等やり放題。そんな両親は虐待の大半を忘却し『お前のパニック障害を取り除く祈祷をする』等意味不明な弁明で、なんら更生・反省の意思が無い。よって親子の縁は終結とする」

これに対し、特に父が猛烈に反論・非難の声をあげた。これまた妻を介してだが、私に最後通牒《つうちょう》めいたものを今度は封書という形で突き付けてきたのである。

ここで話を整理するために時間軸をやや巻き戻す。私の父は、長らく札幌で地方公務員をしていたが、一時期ゆえあって中央官庁（厚労省）勤めに昇進し、都内に通勤するために常磐《じょうばん》線で通勤至近な千葉県松戸市に中古の一戸建てを購入した。

この狭小な一戸建て（木造二階建て）は、両親が長男である私に「将来、贈与または相続させる」という口約束を前提として購入した物件である。実際、中央官庁を定年退職して札幌に戻った両親に代わって、空き家となったその住宅の主《あるじ》となったのは私である。

私はこの古い住宅を手入れし、すさんだ庭園を劇的に再生させ、少なくない金額を使って補修・修繕を施し、固定資産税を代納している。それもこれも、「将来、贈与または相続させる」という両親と私との口約束を前提とした経費であった。

当時、この住宅の所有権は、不動産登記手続きなどの観点から父ではなく母名義にすることで意見が一致した。これがあとあと、禍《わざわい》の種となった。私によるツイッター上での両親との絶縁宣言に憤慨（逆切れ）した父は、封書で「即時、松戸市の母名義の住宅からの退去」を命じた。私からすると怒髪天をつくほどの約束反故《ほご》である。

もっと詳細にいえば、「家主として命令します。すぐその家から退去してください。いますぐに。家財はそのまま打ち捨てて、残留しても構いません。こちらで即時処分しますので（原文ママ）」という異常な内容であった。

家には、私が長年かかってせっせと蒐集してきた四〇〇〇冊を優に超える書籍・資料と、何にも増して愛猫と一緒に住んだ短くない期間の愛着がある。それを無視して、「即退去、家財の処分」を通告するのが私の父の本性であった。この男（父）の歪んだ精神は、七〇歳を過ぎても全く矯正されていないのである。そしてつい数週間前に口にした「総論としては悪いことをした」という表明が、いかに表面的な、全く表層的な事務処理的社交辞令であったかを知る時、私は絶望の淵に追いやられたのである。

立ち退きは、理不尽で高圧的な「強要」であった。そして父はこれまた都合の良い時に発症する健忘症のせいか、「松戸市の土地と家屋はそもそも母の名義であり、母の所有権下にある。よって私が住む根拠は無い」などと、購入時に約したことすら、全く忘却して都合の良い理不尽な強要を平然と書きなぐって私に突き付けたのである。

私の敵愾心はいよいよ燃え上がった。これは戦争である、と決意した。私は即座に父宛に、「この物件は貴殿が購入時に、長男（私）に贈与または相続される約束を前提に私が居住しているのであり、そしてそれを前提に税金を立て替え、各種の修繕をしてきたのに、貴殿に退去を言われる筋合いはない。それでも退去を強要するなら、裁判所に仮処分申請でも出したらどうか。私はそれに対し代理人弁護士をつけて法的に徹底的に争う。私はこの件でいかなる容赦もしない。徹底抗戦をしてなかんずく最高裁まで争おうではないか。また貴殿の社会的に非道な行いを公論に訴えて、縷々《るる》糾弾する用意がある。加えて貴殿らによって受けた虐待の精神的慰謝料を求める訴えを千葉地裁に起こす用意がある。逆に、今この時こそ貴殿は私との約束を履行し、物件の所有権を即座に私に引き渡せ」と返答した。

父は、徹底抗戦への私の固い意志や、具体的な弁護士名を出されての反撃を経済的脅威と感じとったのか、または一時的に健忘症が寛解し私との約束を思い出したのか、案外すんなり所有権の私への移転を了承し（これらのやり取りはすべて妻と司法書士を経由して行われた）、二〇一九年五月にこの物件は贈与という形で私の所有物になった。しかしこの騒動が決定打となり、根底から信頼関係を失った私と両親との関係性は、二〇二〇年現在をもってもまだ絶縁状態である。

日本において、「両親との絶縁」を法的に実行することはできない。子は生まれる親を選ぶことはできないのと同様、一旦その親のもとに生まれてしまったら、その親子関係を法的に解消するという制度は残念ながら日本には無い。

絶縁に等しい処置といえるのは、「親からの財産の相続放棄」を宣言することだが、それは書類上のことであって、「この親は私の親ではない」という意思が公的に認められることは無い。勘当や破門と同じく、子が積極的に「絶縁した」という宣言を出し、あるいはその宣言内容を文章にして、公証役場に持っていき公正証書を作って両親宛に郵送で突き付ける、くらいしか日本において両親との関係性を切断する方法は無い。

子の戸籍には、未来永劫《えいごう》「父・母」との関係性が記載されてこれを消すことはできない。つまり日本には「絶縁」という法的制度が無いのである。

だが、私はこれでも良いと思っている。日本の法制度上絶縁はできないが、子が能動的に絶縁を宣言することはいくらでも自由に行えるからだ。よって私は、二〇一九年五月以降、テレビ番組やラジオ番組に出た時に、「私は親とは絶縁しています」ということにしている。子としてのささやかな抵抗である。

改名して過去を清算

そして両親との関係性において、私が取った最大にして意外な清算方法は、実は奥の手として私が実行した行為にある。それは何かというと、私の「名の変更」を家庭裁判所に申請したことだ。

いわずもがな、あらゆる個人の名前は、原則親が命名するものである。その親が命名した名前は、実は子の意思によって後年変更することができる。私の名前は「経衡《つねひら》」だが、実はこの名前は親から元来名付けられたA（非公開）という名を、私の意思で改名して、家庭裁判所から改名許可を得たものである。簡単にいえば、私は元来の名前を、自らの意思によって「経衡」と改名することに成功したのである。

この名前の変更は、家庭裁判所に申し出れば、家庭裁判官により相応の事情（奇妙な名・難読な名である、長年通称として使用したなど）を勘案されて許可されるのである。私に認められた相応の事情とは、旧来の名前であるAの人格を捨てて、新しい名前「経衡」を新人格として認めること、かつ新しい名の使用実績、および第三者からの認知度などである。

私は二七歳で保守界隈にデビューして以来、一貫してあらゆる書籍や原稿に「経衡」という名前を使用し記名してきた。その膨大な使用実績を提出し、親から名付けられたAという名前ではなく、「経衡」こそが現在の人格を表すものである、という申請を出し、認められたのだ。あまり知られていないが、「名の変更」は弁護士や司法書士を頼らずとも、個人が家庭裁判所に申請し審理を受けることによって可能だ。

私が「名の変更」の申請にかかった経費はせいぜい印紙代八〇〇円と裁判所までのガソリン代くらいである。実はこの「名の変更」は、すでに両親との関係性が疎遠になってからほどなく、三〇代の早い段階で実行している。これは一にも二にも、「両親による一方的な支配から完全に独立した証《あかし》」として私が最も欲した公的な承認なのである。

見方を変えれば、これも両親との絶縁に際しての、一つの「あまりにも分かりやすく自明な」公的証明であるといえなくもない。実際のところ、最も世の中で多い「名の変更」の理由は、性同一性障害等で戸籍を男性から女性に、また女性から男性に変更した場合である。

が、そうでなくとも、「両親による一方的な支配から完全に独立した証」としてこの「名の変更」の承認を合法的な申請と審理のもとで勝ち取ることは、想像するほどに難しい手続きではない。実際に私がやってのけたのである。もし不明点があれば、家庭裁判所に行って申請方法を聞くとよい。民事の素人にも懇切丁寧に係員が申請方法を教えてくれる。繰り返すが、この手続きは全然難しいものではない。

こうして私は、両親と絶縁した。過去の忌まわしい虐待の記憶、そして両親との関係性を、最終的不可逆に清算し、現在のところ一応の区切りがついた格好である。しかしここまでくるのに二〇年以上かかった。長い葛藤と闘いであった。

ちなみに、私の名「経衡」を目にした人は、たいてい「親御《おやご》さんが奥州藤原氏の家系か何かの人だったのですか」とか「親御さんは歴史に造詣が深かったのですか」などと聞いてくる。

藤原経衡（一〇〇五～七二年）という、平安時代の奥州合戦で討ち死にした奥州藤原系の武将が史実に存在するから（もっとも日本中世当時、〇衡という名前は支配階級において珍しいものではなく、これ以外にもたくさん存在する）で、よもや「名の変更」という奇手を私が利用して元来の名前Aから自分自身で裁判所に申請して改名した名前だとは想像しないだろうから当然だ。私はその都度、説明がややこしくなるので「ええ……そうらしいんですよね……ハハハ」とお茶を濁していた。

しかし、過去の自分、そして過去の両親との関係性を、「名前」という最もはっきりとして分かりやすいモノで私は清算した。

この事実はごく親しい人間を除けば、文章として公にしたのは本書が初めてである。だから爾後、同様の質問をされたら私は「違うんです。私は両親と絶縁して、過去の関係性を清算するために自分で自分の名付け親となったのです」と堂々と言うことにする。

そしてやや難読ではあるが、「経衡」という、誰でもない私自身が私に名付けた名前に、ひとしおの愛着と誇りを持っている。本当に、改名して心からよかったと思う。一旦「名の変更」申請が受理されると、もう元のAという名前に戻ることは制度上絶対にできないが、私には微塵も後悔は無い。

終章　教育虐待の構造

「幸福」の尺度は「学歴」か？

「お前のためを思ってやっているんだ」というお題目を大義として行われる親からの教育虐待は、過去の人類における植民地支配が、現地人の賛同や了解を全く無視して強制的に行われてきた史実が示す通り、当事者である子の意思とは無関係に行われる。

そしてその「お前のため」というプロパガンダの裏側にあるのは、卑小な親自身のコンプレックス、はたまた単なるストレスのはけ口であり、教育虐待の動機のほぼすべてである。つまりその動機というのは親の都合と勝手な欲望に他ならない。

本書では、私と私の両親の関係性を中心に教育虐待の実相に迫ったが、これは単に私の体験した熾烈な教育虐待を公に開陳して、私自身の敵愾心を緩和したり怨嗟《えんさ》を晴らすためのものではない。

事実、私と両親の関係が「終了」した二〇一九年五月から現在まで、私の中でもはや両親に対する敵愾心や憎悪といったものはあまり無い。すべての関係性を清算し、やり切った感、達成感のほうが大きい。むろんこの境地は、前章で記述したように二〇年を経てもその精神性を矯正することが絶対に不可能だと悟った、私の、両親に対する絶望的な諦めが根底にあってのことであるが。

問題なのは、このような教育虐待が、程度の濃淡こそあれ日本社会において「親」という名の保護者により、すべてでないにせよ現在進行形でその子供に対し行われているという事実である。

「実力主義の現在、学歴に意味は無く、重要なのは学習歴だ」などと盛んにいわれてもう十何年も経った。しかしそれはYESでありNOでもある。日本社会の硬直した学歴信仰は、確かに数十年前と比べて緩和された。だが上場企業の大半は、「採用には学歴を勘案しない」と公には表明しているが、実際には学歴フィルターがあるのは、動かしがたい事実である。

しかし、「お前のためを思ってやっているんだ」という大義のもと、実行される親による子供への「教育」は、その学歴至上主義という価値観の中で、全く子供の同意を得ないで実行されるという点が大問題だ。これは前章で述べた通り、列強が行った植民地支配の構造とうり二つである。「現地人のため」「現地人の近代化のため」という大義は植民地支配において常に掲げられたが、結局、被植民地側の同意が得られた試しは無い。

インドでも、フィリピンでも、マレーでも、そして台湾や朝鮮でも、確かにインフラは整備され、宗主国の近代的な思想や法の支配が「現地人の生活の向上」のために導入されたが、それについての現地人の同意は存在していない。だから二〇世紀になって、インドでもフィリピンでもアフリカでも台湾でも朝鮮でも独立運動ないし自治権拡大運動が起こった。支配者側はそんな現地人の意思を無視して、常に武力をもって鎮圧した。

結局、彼ら現地人の意に反した植民地支配が終わるのは、独立戦争などの厳然とした武力闘争の勝利によってであった。

自分の子供が、「自らの学歴について全くこだわらない」という別の価値観を持っているかもしれないという想像を、教育虐待の加害者は全く有していない。なぜ子供が「自分には学歴は必要が無い」という世界観を有しているかもしれない、という想像ができないのだろうか。

その想像さえできれば、「お前のためを思ってやっているんだ」という教育虐待の大義は、もろくも瓦解するはずだ。なぜならその「お前」そのものが、その必要が無いと言っているからである。それ以上の明瞭な回答は無いだろう。

親は、「自分の子供に苦労させたくない」という一心で、子供の教育に熱心になる。これは本当であろう。私の父も母も、学歴コンプレックスと、実際に職場で受けた（であろう）差別的待遇に苦労したからこそ、私に対して苛烈な教育熱を傾けた。

しかし、「苦労」とは一体何なのであろうか。その「苦労」とは、結局のところ親自身の経験そのものでしかなく、「苦労」の価値観は人それぞれ全く異なっている。世の中には、「無意味」「野放図」などとされる反復的行いや、客観的に損だと思われる行為を、「喜び」「快感」と思って実行している人々が大勢存在する。また結局のところ「自分の子供に幸福を与えたい」ゆえに「自分の子供に学歴という社会的資源を与えるべきだ」という思い込みも、行き着くところは「幸福とは何か」という、答えの無い価値観の一方的な押しつけでしかない。

子供にとって何が「苦労」なのか。何が「幸福」なのか。実のところそんなものに答えは存在していないのである。国民所得が日本の二〇分の一程度しかないブータン王国が、「世界で一番幸福度が高い」と紹介されていることからも分かるように、この「幸福」を親が一方的に規定して押しつける、ということ自体がナンセンスで間違っている。

しかし往々にして、子供に対し教育虐待を加える親は、その「幸福」を「学歴」という物差しでしか測れない。彼らは視野狭窄的な世界観によって虐待しているだけで、要するにそれは近視眼的な押しつけなのである。

企業社会での「未来の保証」は今

私は、「所得が低くても心は豊か（所謂清貧の思想）」が絶対に正しいとは思わない。ブータンの国情と日本の国情はまるで違うし、またそれは時代によって大きく変動するからである。だが一方で、幸福を得るために所得を高くするには子供に学歴が必要なのだ、という考え方もまるで正しいとは思わない。

日本は明治国家形成以後、「どんなに貧しい家庭に生まれても、学歴さえ積めば一端の生活と幸福を得られる」という信仰に支配された。事実それは当たらずも遠からずで、貧困家庭の子弟でも、勉強ができて帝国大学に入れば、高級軍人や官僚や大臣になることができた。しかしそうして誕生した高級軍人や官僚や大臣が、先の無謀な戦争を引き起こし、日本帝国を完膚なきまでに滅亡させた事実もまた記さなければならない。

戦後の日本は、平和憲法と民主的傾向の樹立のもとで再出発したが、戦時統制の影響を色濃く受け継いだまま高度成長を迎え、とりわけ「企業社会」が社会の隅々にまで浸透した。

企業社会は、戦後日本の未熟な社会福祉をほとんどすべて補った。それは住宅ローンを通した住宅の購入に始まり、終身雇用と年功賃金による雇用の安定と福利厚生、さらには職場結婚という婚姻機会も提供した。

「どんなに貧しい家庭に生まれても、学歴さえ積めば一端の生活と幸福を得られる」という明治国家以降の信仰は、「どんなに貧しい家庭に生まれても、学歴さえ積めば大企業や官公庁に入ることができ、一端の生活と幸福を得られる」という信仰へと微妙に変化した。バブル崩壊を迎えるまで、確かにこの構図は有効であった。

なぜなら当時、日本社会の成員にとっての一種のゴールとは、大企業や官公庁へ「入社・入庁することそのもの」であり、またその雇用形態は、「日本型経営」と名付けられるほど、終身にわたって続くものであるとの確約が存在したためである（終身雇用）。

しかし、こういった「企業社会」における未来の保証は、現在においては全く有効性を喪失している。雇用は流動化し、転職は当たり前になり、企業による人員整理は労働組合の弱体化と相まって全く日常的に行われている。そして何より、労働者の約四割が非正規雇用となり、もはや「終身雇用」というものが自明の如く有効であるという確信を持つ者は少数派になった。

しかしそれでもなお、子供に十二分な教育と学歴を提供することこそ、高収入と幸福への入り口である、と信じて疑わない親が無数にいるからこそ、幼児への早期教育や英語教育、予備校需要は確固として存在し続けている。

いまだに名門小学校や中学校、あるいは高校や大学への合格は狭き門である。なぜ終身雇用という幻想が砕け散ったのに、親は終身雇用を前提とした学歴信仰にこだわり、それを子供の意思とは無関係に押しつけるのだろうか。

それは、バブル崩壊後、三〇年を経た現在でも、終身雇用の代替となるべき実力主義があまり成果を上げていないからである。とりわけ一九九〇年代以降、日本は深刻なデフレ不況に陥り、経済は漸次シュリンク（収縮）を続けている。

終身雇用の時代が終わり、それに取って代わる実力主義が実体経済の成長にそれほど寄与していないからこそ、つまり終身雇用の代替となるべき雇用形態が、デフレ不況下による日本経済全体の沈下によってうまく機能していないからこそ、世の親は唯一の寄る辺として学歴に固執し続ける。指針とするべき成功事例が他に提供されていないからだ。

もし日本が一九九〇年代後半に不況を抜け出し、年率で二～三％の経済成長（先進国ではいたって普通）をして、経済全体のパイが拡大していれば、当然そこにはたくさんの成功事例があるわけだから、親は終身雇用の前提となる学歴信仰にこだわることなく、子供に違った選択肢を与えただろう。

しかし、悲しいことにこの二〇年間、日本経済は全く成長していない。成長していないからこそ、芳しい実力主義の成功事例もあまり無い。

経済はゼロサムゲームに陥り、誰かが得をすれば誰かが損をするという、中世の停滞した社会に酷似した暗黒状況に置かれている。戦後日本の成功事例であった「どんなに貧しい家庭に生まれても、学歴さえ積めば大企業や官公庁に入ることができ、一端の生活と幸福を得られる」という信仰に代わる成功事例が、経済の停滞や縮小によって示されないからこそ、視野狭窄的な親であればあるほど、唯一の成功指針である学歴信仰に固着し、子供にその道を踏襲するように「指導」するしかなくなるのである。これは個々の親が持つ特有の性格や瑕疵を横に置いたとしても、現代日本社会の病巣であり宿痾の側面があるといわざるをえない。

旧来型の教育熱から抜け出すには

私は、親による「教育熱」を頭ごなしに否定しているのではない。だが、当事者である子供が、その親の価値観に同意していない時、若しくは子供のまだ狭い世界観の中で、まるでその選択肢しか無いように一方的に「教育熱的世界観」を信じ込ませようとする時、またそれを強権的に「親の支配」という優先的地位を利用して押しつける時、それらの振る舞いが、場合によっては「教育虐待」にまでつながるという重大な危険性を指摘しているだけである。

バブル崩壊後、経済は低迷を続けたままだが、世の中の価値観は極めて多様化した。数十年前までは考えられなかったＬＧＢＴ（性的マイノリティー）のカミングアウトが普通になされ（一方でこれを呪詛する与党議員や自称論客もいる）、新卒一括採用はその制度自体が疑問視されつつあり、そして何よりも政府自身が「働き方改革」を掲げてその多様性の旗振り役を行っている。かつて大衆用カメラの生産で世界に名を馳せた企業が、医療用カメラに特化した企業に生まれ変わり、造船や鉄鋼業は日本経済の花形産業とはいいがたくなっている。

だが、繰り返すが、日本経済全体の停滞によって、こういった「見かけ上の多様性」が「実際のところどのような幸福につながるのか」という成功事例があまり示されていない。人々の大半は、「多様性」を謳うし肯定しているが、その「多様性」が実生活でどのように開花し、成功するのかの実例が乏しい。だから親は子供に、旧来型の「教育熱」を施し、建前では「子供に与える教育は、本来自由であり、何か一つの価値観に拘束されるものではない」とは言いつつも、やはり旧来型の「教育」にしがみついている。

現代日本の、疲弊した出版業界が刊行する雑誌では「年収○○○万円以上が勝ち組」または「年収○○○万円以下は負け組」という特集を大々的に組んで憚らず、またその「勝ち組」の大企業や官公庁の労働者になるには、結局学歴が必要だ、という結論になる。

当然これでは旧来型の「教育熱」は収まるはずがない。この負の循環から抜け出すためにできる簡便な方法とは、私たちの根底にある「幸福」に対する概念そのものを見直すことしかないのである。

息子へ

私には本書刊行時に四歳になる息子（授かり婚につき）がいるが、彼に対し「幼少期から高度な教育を受けさせ、それがひいては高学歴の獲得に結び付き幸福な人生となる」という価値観の押しつけを一切行っていないし、将来にわたって行うつもりも無い。

なぜなら、どのような高校に進学しようとも（また進学しなくとも）、どのような大学に進学しようとも（また進学しなくとも）、子供の幸福は親の価値観によって決まるものではない、というふうにいってみれば当たり前の世界観を確固として持っているからだ。

これは私の経験則から導き出されたものであるが、実際に子供の教育とは、自由放任こそ最良の方針だと思っている。親から強制されて学習する者と、親に強制されなくとも自発的に学習する者とのモチベーションの差は、いわずもがな歴然としている。親による強制からは何も生まれないし、何も得られるものは無い。子供には、幼少期や少年時代に特有の狭窄的な世界観を徐々に拡張し、真に多様な「幸福」の形を見つけ出してほしい。

その結果、「やはり学歴が大切だ」と本人が思うならば、子供の猛烈な受験勉強に全く異を唱えるつもりは無い。子供の人生は、子供の自由意思で形成されるものである。よく「教育熱」に浮かされる親は、「今勉強しておかないとあとで後悔する」などと脅し文句を使うが、人生において真に後悔することなどどれほどあるのだろうか。

人生は一択である。「親の教育熱を真に受けて強制的に勉強に邁進《まいしん》した人生」と「親の教育熱をスルーして自由意思で生きる人生」の両者を同時に選択することはできないのだから、「今〇〇をしないとあとで後悔する」という脅し文句は全く無意味だ。これは現実にそうなのだから仕方がない。

問題は、前者を選択せざるをえない子供の人生が、私のように「教育虐待」にまで移行する場合である。私のような悲劇的虐待の事例は、私を最後に打ち止めにしてもらいたい。

今これを読んでいる親は、自らの子供に対する「教育熱」の根源が、本当に「お前のためを思ってやっているんだ」という大義に、一片の私心も邪念も無いといい切れるかどうか、深く内省して検討してほしい。そうすればその大義は、実は自らのコンプレックスやストレス解消という、親の身勝手な都合から発生していることに気がつくはずである。

あらゆる一方的支配は、何の益ももたらさない。あらゆる価値観の押しつけは、人類のポスト・コロニアル（植民地時代以後）の歴史が明らかなように、必ず強烈な反発を生んで瓦解する。

子供の自由放任に抵抗があるという親は、子供の自由意思や自発的決定能力を信用していないのと同じである。子供の持つ能力を信用しておらず、親が統制・管理しないと「おかしな方向」に行って「堕落」してしまうという、子供に対する根源的な不信を有しているからである。

自分の子供を信用できない人間は、たいていの場合、自分自身の生き方に自信がない人間である。そうあってはならないし、子供への不信はのちのち大変な犠牲と齟齬《そご》と破滅を生むと、私は身をもって警告する。

おわりに——教育虐待への抵抗

最近「毒親《どくおや》」という造語が流行っている。毒親とは「過干渉や暴言・暴力などで、子供を思い通りに支配したり、自分を優先して子供を構わなかったりする『毒になる親』のことをいう」（NHK「クローズアップ現代＋」二〇一九年四月一八日）。まさしく教育虐待とは、この「毒親」にすっぽり包摂される概念である。

終章では、教育虐待の構造、そしてその親の視点を記述したが、最後に、過去、あるいは現在においてこの「毒親」の被害に遭っている当事者である子供は、どのようにそれに抵抗したらよいのかを記したい。

まず本書をここまで読んでいただいた方は、とはいえ筆者である私が恵まれた境遇を「与えられた」ことについて、どのような認識を持っているのか気になるところだろう。

大学を三回の留年の末、七年かかって「卒業させてもらった」こと。当然この費用は、学費だけで七〇〇万円近くになり、仕送りを含めるとその総額は軽く一〇〇〇万円を超える。

これは厳然たる事実であり、経済苦で大学に通うことができない、あるいは中退せざるをえなかった学生、まして二〇二〇年の新型コロナウイルス禍により、ますますその深刻の度を増した世の中にいて、奨学金返済の義務を負うこともなく大学を卒業した私に対し、「少しぐらい親に感謝したらどうか」という意見があってもおかしくはないと思う。

しかし、繰り返し述べるが、これは私の意思ではない。両親の一方的な支配のもと、強制された進路をいやいやながらに私が完結させた結果である。それがいかに私に利益をもたらそうと、当事者である子供の了解を一切得ないで行われたその行為は、「同意を得ていない」という一点においてあらゆる抗弁をもってしても正当化できるものではない。

日本国憲法には国民の義務として、「親が子に教育を受けさせる義務」が明記されているが、それは原則義務教育の範囲だけであり、それを超えた親による教育虐待は、「子供の同意を得ていない」「子供の意思を一切無視している」という事実で、全く正当化される要素は無いのである。

この点は、過去そして現在も教育虐待を受けている当事者が、胸を張って主張してよい反論であり正論である。結果としていかに利益を享受していても、当人の意思を無視したそれは、やはり単なる押しつけであり、反発して当然なのである。

私は自発的意思と小さくない行動力によって親による教育虐待に対抗し、その関係性を清算するのに二〇年かかった。しかし、私と同じような行動を取れる被害者は少ないと思う。多分にこれは私の内側に強烈な自立の自我があったためで、むしろ教育虐待の被害者にあって、貝谷医師の分析も含めて総合評価すると、幾分レアともいえる事例だろう。

過去を振り返る時、私の行ったあらゆる両親への抵抗は、少し計画が狂えば即座に頓挫する危険性があった。私が嘘をついたり捏造までして両親に抵抗したのは、私に多少の知恵と「蛮勇」ともいうべき行動力があったからで、ほとんどの被害者は、「毒親」に包摂される教育虐待の犠牲者としてあり続け、何ら抵抗もしないまま力尽きるか、最悪、私よりさらに重い精神的障害を負う羽目になり、そのあとは抵抗する気力すら持ちえない場合も考えられるからである。

現に「毒親」という言葉がこれだけ認知されている状況を見れば、仮に物理的・経済的に「毒親」との関係性を希薄にしても、その被害の実相を加害者（親）に告知して謝罪を求めることはせず、むしろ、「触れないほうがよい」という判断を下して、苦々しい屈辱の思いとともに沈黙している場合が多いのではないか。

私は、そのような被害者の方々に言いたい。それでも抵抗せよ、と。二一世紀になった現在、かつての列強による植民地のほとんどが独立を果たしたように、同意なき一方的な支配や押しつけは、必ず瓦解し、被支配者の解放が実現されている。個人でもこれは同じで、親による支配は、永遠に続くものではない。長い長い夜は続くが、その後、必ず光明は見えると私は信じている。現に私はそれを実践している。

むろん、抵抗には信じられないほど膨大なエネルギーが必要である。第七章で述べた通り、日本においては親と「絶縁」する正式な方法は無いが、精神的に離別する方法はいくらでもある。親につけられた名前の改名や、相続放棄宣言、絶縁宣言書の制作は、驚くほど廉価にすることができるし、何ならこのような手続きをしなくても、単にプリンターで印刷した文書でもって親に「絶縁」を突き付けるだけでも事足りる場合もある。

教育虐待の加害者は、必ず自らの行為を正当化する。一方、被害を受けた側は、たとえ加害者がそのことをきれいさっぱり忘れたとしても、一生消えることのない傷として屈辱とともにそれを抱き続けている。被害者はこの傷をできるだけ早期に忘れようとすることで、親からの加虐を希薄化したいと思う。

それが最も簡単な方法だからだ。だがそれは根本的解決ではない。一度受けた精神的な傷は、後年心のアンバランスとなって必ず噴出する。私にパニック障害の再発という結果でそれが噴出したように、いかに虐待の傷を忘れようと努力しても、その傷は消えない。だから、被害者はむしろその傷を忘れようと努力するのではなく、その傷と向き合わなければならない。結果として、傷は完全には消えないものの、その傷の修復は、傷そのものと向き合ったほうが早くできる。私が二〇年かかって出した結論はこれだ。

抵抗の方法は、個別のケースによって様々である。経済的に支配された被害者は、その圧倒的な力関係によって、親に物申すことができないだろう。特に学費や健康保険を親に依存している若者はこのケースに当たり、面と向かっての加虐への抵抗や追及は大変に難しいだろう。

しかしこの経済的支配も、いつしか必ず終わる時が来る。よほど特殊な事例でない限り、親の経済的優位は永遠に続くものではない。子供は経済的に、そして社会的にもいつかは独立する。その時まで、抵抗の炎を秘しておくのも、また戦略としては正しいだろう。

常に損得を考えることだ。巨大な力を持つ加害者に抵抗する機会は、いつの世でも加害者が相対的に弱くなった時だ。もしあなたが思春期に教育虐待の被害に遭ったのなら、その時に抵抗するすべはほとんど無いだろう。親は無思慮にあなたの人生に介入し、まるで主人のようにあなたの人生を支配しようとし、創造主のようにあなたの人生を設計し、そしてその進路を一方的に強制してくる。

だが、抵抗の意志を持ち続ける限り、やがてあなたが成人して以降、機会は必ず訪れるだろう。問題はそれまで、自分の心の中に抵抗の炎を燃やし続けておくゆるぎない意志があるかどうかである。その意志の炎は、幸いなことに維持費を必要としない、最も経済的な灯台だ。抵抗の炎を燃やし続けるのに一番の方法は、幅広い世界観と教養の獲得だ。知識の蓄積としての教養こそが、抵抗の炎を燃やし続けてくれる一助になる。

視野を広げ、様々な事柄への知識を貪欲に吸収し、体験することだ。そうすれば自らが受けた教育虐待の全体像が俯瞰できるようになり、同時にそれがいかに酷い仕打ちであり、抵抗する正当性が立派に存在するかということを再認識させてくれる。

ここに懊悩《おうのう》は消し飛ぶ。自らが被害者として正当な権利を有し、加害者が徹頭徹尾間違っていることを理論的に理解できるようになる。そうすれば、自らの子供にも、同じことを強制する愚を犯すことは無くなるだろう。負の連鎖はここで断ち切ることができる。要するに加虐に打ち勝つためには、自らが加害者より賢く、より利口になるより他無いのである。

「親孝行」という言葉が昔からある。子供は親に感謝すべきもので、親が年を取ったなら子供は親に受けた恩を返さなければならないという、家父長制に基づいた封建的な親子関係を規定した言葉だ。私は「親孝行」を否定するつもりは無い。むしろ、「孝行」に値する親であれば、私はいくらでも親に感謝の念を抱くことができるだろう。

しかし世の中には、「親孝行」するに値しない親、というものが存在するという事実はもっと知らされるべきだ。そして「親孝行」するに値しない親には、子供は一切感謝する必要は無く、むしろ自らが受けた被害の回復や謝罪の要求を正当な権利として有しているという事実を、社会が共有することが重要である。

親子関係は、常に良い関係性として、つまり良好であるという模範的状況を前提として学校や社会やメディアの中で繰り返し喧伝されている。だが、そうではない親子関係がある、ということはもっと広く認知されるべきだ。親による一方的な支配が子供を苦しめているること、親による一方的な押しつけが子供の精神を破壊する場合があることを、社会はもっと知るべきだと思う。

そうすることで、現在ではほぼ不可能だが、「家庭内での過度で非常識な教育方針」が、第三者の手によって矯正される可能性が開けてくる。ただじっと親からの加虐に耐えている未成年の子供にも、第三者による手助けが積極的に行われるようになるかもしれない。

この分野では日本はまだまだ後進国だ。抵抗の炎を自力で維持するのは膨大なエネルギーがいる。外部の助力を求める選択肢があらゆる子供にもたらされる社会制度の確立を、私は願ってやまない。

本書が、抵抗の炎を維持するための、外部からの応援として、ほんのささやかな力になりうるのなら、筆者としてこれほどの喜びは無い。

二〇二〇年九月　コロナ禍において脱稿す

古谷経衡

JASRAC　出　2006947－001

古谷経衡（ふるや　つねひら）

一九八二年札幌市生まれ。文筆家。立命館大学文学部史学科（日本史）卒業。一般社団法人日本ペンクラブ正会員。NPO法人江東映像文化振興事業団理事長。時事問題、政治、ネット右翼、アニメなど多岐にわたり評論活動を行う。著書に『ネット右翼の終わり』（晶文社）、『左翼も右翼もウソばかり』『日本を蝕む「極論」の正体』（ともに新潮新書）、『「意識高い系」の研究』（文春新書）、『女政治家の通信簿』（小学館新書）、長編小説『愛国商売』（小学館文庫）などがある。

集英社新書一〇四一E

毒《どく》親《おや》と絶《ぜつ》縁《えん》する

二〇二〇年一〇月二二日　第一刷発行

著者……古谷経衡《ふるやつねひら》

発行者……樋口尚也

発行所……株式会社集英社

東京都千代田区一ツ橋二-五-一〇　郵便番号一〇一-八〇五〇

電話　〇三-三二三〇-六三九一（編集部）
〇三-三二三〇-六〇八〇（読者係）
〇三-三二三〇-六三九三（販売部）書店専用

装幀……原　研哉

印刷所……大日本印刷株式会社　凸版印刷株式会社

製本所……加藤製本株式会社

定価はカバーに表示してあります。

ISBN 978-4-08-721141-2 C0237

Printed in Japan

a pilot of wisdom

変われ！ 東京 自由で、ゆるくて、閉じない都市
隈 研吾／清野由美　1028-B
コロナ後の東京はどう変わるのか。都市生活者に「小さな場所」という新たな可能性を提示する。

「生存競争《サバイバル》」教育への反抗
神代健彦　1029-E
低迷する日本経済を教育で挽回しようとする日本の教育政策への、教育学からの反抗。確かな希望の書！

谷崎潤一郎 性慾と文学
千葉俊二　1030-F
谷崎研究の第一人者が作品を詳細に検証。魅惑的な女性の美しさを描き続けた作家の人生観に迫る。

英米文学者と読む「約束のネバーランド」
戸田 慧　1031-F
気鋭の研究者が大ヒット漫画を文学や宗教から分析。大人気作品の考察本にして英米文学・文化の入門書。

全体主義の克服
マルクス・ガブリエル／中島隆博　1032-C
世界は新たな全体主義に巻き込まれつつある。その現象を哲学的に分析し、克服の道を示す画期的な対談！

東京裏返し 社会学的街歩きガイド
吉見俊哉　1033-B
周縁化されてきた都心北部はいま中心へと「裏返し」されようとしている。マップと共に都市の記憶を辿る。

人に寄り添う防災
片田敏孝　1034-B
私たちは災害とどう向き合うべきなのか。様々な事例や議論を基に、「命を守るための指針」を提言する。

人新世の「資本論」
斎藤幸平　1035-A
資本主義が地球環境を破壊しつくす「人新世」の時代。気鋭の経済思想家が描く、危機の時代の処方箋！

国対委員長
辻元清美　1036-A
史上初の野党第一党の女性国対委員長となった著者が国会運営のシステムと政治の舞台裏を明かす。

プロパガンダ戦争 分断される世界とメディア
内藤正典　1037-B
権力によるプロパガンダは巧妙化し、世界は分断の局面にある。激動の時代におけるリテラシーの提言書。

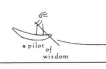